JN004058

歴史人口学で見た日本

増補版

速水 融

文春新書

1363

本書は、『歴史人口学で見た日本』（文春新書、二〇〇一年刊）に、特別附録「歴史人口学——成立・資料・課題」（初出、『日本学士院紀要』五七巻三号、二〇〇三年）を加えた増補版である。

増補版刊行にあたって――速水融・トッド・磯田道史をつなぐ学問

本書の著者、速水融《あきら》氏（一九二九—二〇一九）の生涯は、常に〝学問〟と共にあった。

そもそもが〝学者一家の出〟である。父、速水敬二（養子に出たので「速水」姓）は哲学者で、伯父、東畑精一は農業経済学者で、叔父、東畑四郎は農林事務次官を務め、叔母、喜美子は、哲学者の三木清に嫁いでいる。

戦時中に居候していた東畑精一の家には、政治学者・蠟山政道など「昭和研究会」のメンバーが出入りし、当時一五歳だった速水氏は、伯父から「この戦争ももうすぐ終わる。犬死だけはするな」と強く言われたという。また終戦直後の一九四五年九月には、三木清の身元引受人だった伯父の指示で、豊多摩刑務所に出向き、「三木清の獄死」を確認している。

戦時中通った都立一中（現在の日比谷高校）の同級生には、のちに経済学者となる宇沢弘文や文藝春秋社長となる田中健五がいた。慶應義塾大学卒業後に在職した日本常民文化研究所では、日本史研究者・網野善彦と机を並べ、民俗学者・宮本常一の漁村調査に同行している。

新型コロナによる大混乱を〝予言〟

速水氏は、新型コロナウイルスが発生する直前の二〇一九年一二月四日、九〇歳で亡くなっているが、その後の事態を〝予言〟していたかのように、晩年『日本を襲ったスペイン・インフルエンザ――人類とウイルスの第一次世界戦争』（藤原書店）を書き残している。一九一八年から一九二〇年に大流行した、当時の新型インフルエンザ「スペイン風邪」の日本国内での被害を明らかにした書で、致死率が低くとも感染力が強い新型感染症の流行は、「医療問題」に留まらず、「政治的経済的な大問題」になる、と警鐘を鳴らしていたのだ。

本書第五章「明治以降の『人口』を読む　三　近代化と病気」で詳述されているように、速水氏が感染症の歴史に注目したのも、そもそも本書のテーマである〝歴史人口学的な関心〟からだった。

欧州留学で〝歴史人口学〟と出会う

速水氏が〝歴史人口学〟と出会ったのは、一九六〇年代に留学していた欧州でのことだ（本書第一章「歴史人口学との出会い」）。

「あるときクレーベックス教授が、最近ヨーロッパでひじょうに注目されている本があるといって、フランス人のルイ・アンリという人が同僚といっしょに書いた歴史人口学に関する本を私に見せてくれた。（略）『歴史人口学』は、日本ではまったく紹介されていない分野だったが、読んでみるとたいへんな研究だということに気がついた。あまり得意ではないフランス語を辞書や、時には文法書を引きながら惹きつけられるようにして読んだ」（本書三七頁）

　ちなみに速水氏は、欧州留学の帰途、マカオに立ち寄り、カジノで二回続けて大当たりし（三五倍）、それを元に帰国後、トヨタの小型車「パブリカ」を購入。これによって、全国各地へ史料収集の旅が可能になったという。その意味でも、欧州留学なしに、速水氏の〝歴史人口学研究〟はなかったと言える。

　速水氏は、その後、国際経済史協会の大会（一九六八年）に参加した時のことについて、こう回想している。

「最初の国際会議だったのでアガりにアガって報告したことを覚えている。手は震えるし、原稿から目をそらすこともできないほどであった。報告と質問が終わったところで一人の人物がやって来た。それがフランスの有名な歴史家で、学術誌『アナール』の編集長、ル・ロワ・ラデュリだった。そして、報告が面白かったので自分の雑誌に載せないかと誘われた。『アナール』というのはヨーロッパ最高の知的学術総合雑誌で、それに論文が載るということは欧米で一人前の研究者として認められたということになる。だからひじょうにうれしく、有頂天になった。（略）会議が終わってからニューヨークへ向かい、ケンブリッジ・グループの総帥であるピーター・ラスレットと会った。（略）そこでラスレットから、六九年に開かれるケンブリッジ・グループ創立五周年の学会に招待を受けた」（本書九三頁）

エマニュエル・トッド氏との縁

ここに登場する仏歴史家エマニュエル・ル＝ロワ＝ラデュリと英歴史家ピーター・ラスレットの二人と深く関係する、もう一人の〝歴史人口学の徒〟がいる。日本でも読者の多い仏歴史家のエマニュエル・トッド氏だ。トッド氏は自身の〝歴史人口学との出会い〟について、こう述べている。

「ソルボンヌ大学の学部生の頃、単位を取る必要から、たまたま『歴史人口学』という科目に登録しました。（略）とにかく、歴史人口学の授業が面白くて仕方がなかった。（略）それから、父〔オリヴィエ・トッド、一九二九年生、ジャーナリスト〕の友人であり、アナール派を代表する歴史家の一人で、私にとっては『精神的父』と言えるエマニュエル・ル＝ロワ＝ラデュリ〔一九二九年生〕の勧めにしたがって、イギリスに留学しました。（略）そしてケンブリッジで、偶然にも、著名な歴史人口学者のピーター・ラスレット〔一九一五―二〇〇一〕に師事することになったのです」（エマニュエル・トッド『問題は英国ではない、ＥＵなのだ』文春新書、八二―八三頁）

トッド氏は、四〇年に及ぶ自身の研究の集大成として、家族構造の変遷と伝播から人類史を描き直す『家族システムの起源』（藤原書店）という大著を書いているが、この書に関連して、速水氏と彼が創始した〝速水学派〟――ちなみに速水氏が〝発掘〟〝収集〟〝活用〟した江戸期の「宗門改帳《しゅうもんあらためちょう》」は、欧州の「教区簿冊《きょうくぼさつ》」と並んで、世界的に見ても極めて稀な〝良質の歴史人口学的史料〟である――について、こう言及している。

「一国に一章を割いているのは日本についてだけです。日本について詳細な分析が可能だったのは、『日本の歴史人口学の父』であり、私の友人でもある速水融教授のおかげです。彼が創始した学派によって、徳川日本に関して良質なデータが極めて豊富に揃っているのです」（『問題は英国ではない、EUなのだ』一一四頁）

そして二〇〇〇年に初めて対談した際には、速水氏に対する感謝を直接こう伝えている。

「速水先生に今日はお会いできて非常に感激しております。大先生を前にした学生という気分です。というのは、これまで速水先生の英語ないしフランス語で出された論文は読ませていただいておりますし、ピーター・ラスレットのもとで博士論文を書いていたときから、先生のお仕事は存じあげていました。（略）私の立てた仮説を、先生が日本の場合に応用して仕事をなさっていただいたということで、自分のいままでの研究の意味があったと、いわばご褒美をもらったような気がします。（略）私もまた学生時代から歴史人口学という分野で勉強してきました。学生時代に、さきほどおっしゃった、ルイ・アンリの本を買って読みました。これが最初の歴史人口学の重要な参考文献となった本です。私の両親はパリのINEDという国立人口学研究所のそばに住んでいまして、そういう環境にも恵まれていました。父の友人のル＝ロワ＝ラデュリのすすめでケンブリッジへ行って、ピーター・ラスレットのもとで勉強しました」（「対談　家族構造からみた新しい『日本』像」、エマニュエル・トッド『世界像革命』藤原書店、所収）

トッド氏もまた、速水氏と同じく〝歴史人口学の父〟ルイ・アンリの本でこの学問の基礎を学んでいる。さらにトッド氏は、半世紀にわたる研究生活の大半をルイ・アンリが所属していた仏国立人口研究所（INED）で過ごしている。

磯田道史氏との縁

そして、速水氏、トッド氏と同じく、この学問に若い頃に〝衝撃〟を受け、これを〝血肉化〟した、もう一人の〝歴史人口学の徒〟がいる。歴史家の磯田道史氏だ。磯田氏は、速水氏の直接の指導を受けた〝速水学派〟の最も若い世代に属するが、〝わが師と出会った決定的瞬間〟を今も生々しく覚えているという。

「速水先生との出会いがなければ、私の学問人生はありませんでした。（略）

先生のことを知ったのは、私がまだ高校生の頃のことでした。今でも鮮明に覚えています。高校三年の三月、高校の制服を着て、地元の岡山大学の図書館を訪れました。当時、私は歴史を専攻することははっきりしていても、どの時代にするかは決めかねていて、受験を終えたところで早速、大学の図書館に向かったのです。

ところが、入口で『高校生の利用は許可していない』と言われてしまい、落胆していると、あまりに可哀そうだと思ってくれたのでしょう。職員の方が『利用』はダメですが、『見学』ならいいですよ、と言ってくれました。それで図書館に入り、別に職員がついて来るわけでもなく、一人で書架の前に行きました。

書架にある歴史書の題名を一つずつ見始めました。旧制第六高等学校時代から集められた岡山大学の蔵書は見事で、いろいろな学者の著作がありました。

網野善彦や安良城《あらき》盛昭《もりあき》など、すでに読んだことがある学者の本も並ぶなかで、〝異色の一冊〟が眼に飛び込んできました。『近世農村の歴史人口学的研究――信州諏訪地方の宗門改帳分析』（東洋経済新報社）という本で、著者名は『速水融』とありました。

どうしても中身が気になりました。しかし、書架の本を開けてしまえば、『見学』ではなく『利用』となってしまいます。でも我慢できません。京都府立大学の合格は決まっていたので、『あと二十日もすれば〝大学生〟だから』と、周りをキョロキョロ見回しながら、ついつい本を開いてしまったのです。

驚きました！『江戸時代の庶民の暮らし』がテーマなのに、生物学の教科書でしか見たことがないような『生存曲線』（ある種の生物の生活史において、時間経過に従って個体数がどのように減ってゆくかをグラフ化したもの）が描かれていたからです。一九七三年の初版刊行から十六年近くも経っていたのにあまりに斬新で、衝撃を受けました。（略）『なんて学者だ！』と思いました。〝数字〟が出せるということは、時間や空間が異なる社会との比較も可能になります。その圧倒的な革新性は、高校生の私にも分かりました」（「歴史人口学は『命』の学問――わが師・速水融のことども」、磯田道史『感染症の日本史』文春新書、二三九―二四一頁）

トッド氏が日本について詳しく論じることができたのは、速水氏のおかげだが、速水氏もまた、とくにトッド氏の著作『新ヨーロッパ大全』（藤原書店）について「非常に強い衝撃」を受けたと語っていた。トッド氏と初めて対談した際、磯田氏は〝師匠〟とのやりとりを、こう伝えている。

「速水先生は当時からトッドさんの話をよくしていたので、トッドさんと議論するのに役立ちそうな史料を優先して探すようにしていました。ヨーロッパの家族システムの地域分布図が載っているトッドさんの著書『新ヨーロッパ大全』（藤原書店）を念頭において、地域が偏らないように、いろんな場所に探しに行きました」（「『直系家族病』としての少子化」、エマニュエル・トッド『老人支配国家 日本の危機』文春新書、二〇六頁）

本書第六章「歴史人口学の『今』と『これから』」で詳述されているように、速水氏は「東北日本（早婚、低出生率、三世代同居が多い）」「中央日本（晩婚、高出生率）」「西南日本（晩婚、婚外子や離婚が多い）」といった〝日本の地域的多様性〟を見事に浮き彫りにしているが、この研究は、トッド氏の仕事からインスパイアーされたものでもあったと言える。

このように〝歴史人口学〟は、速水氏（一九二九年生）、トッド氏（一九五一年生）、磯田氏（一九七〇年生）といった優れた学者を世代を越えて（約二〇年ずつの差で）つなぎ、洋の東西を越えて〝知的刺激の源泉〟であり続けている。

編集部

歴史人口学で見た日本　増補版◎目次

まえがき

歴史人口学（historical demography）という言葉を聞くのは初めて、という方も多いかもしれない。実際、この研究分野は成立以来まだ半世紀にも達していないし、歴史人口学という名称が表題についた著書も、日本ではまだ数冊しか出ていない。しかし、歴史人口学は国際的に堂々と市民権を得た研究分野であり、年に何回も研究会が開催されていて、国際学会組織も二つある。現在、大きなプロジェクトも進行中で、日本からも何人もの研究者が参加し、その成果は国際的に注目を集めている。

日本でこの分野が目立たないのは、人口学自身がなかなか固有の分野として認められないという事情があるのではなかろうか。日本を一歩出れば、たいていの国で大学に人口学科が置かれているし、そこには歴史人口学のコースがある。日本には、少子高齢化を初め人口に関する問題が多々あり、本文に示すように、歴史史料も多いし、現在の人口統計も揃っているのに、人口学はとかく軽視されてきた。

古くから人口史という言葉や研究分野はあった。人口史と名のついた著書も多く出版されている。人口史と歴史人口学はどう異なるのか。異なってはいない、という回答も可能である。だいたい、どの学問でも範囲や定義を決めてしまうと、その枠から外へ出られなくなってしまう。だから、あまり厳密な定義はしないほうがいい。しかし、あえて言えば、歴史人口学は、近代国勢調査以前の不完全なデータを基礎にしながら、人口学の手法を用いてそれを分析する学問である。人口史がどちらかといえば歴史学の分野であるのに対し、歴史人口学は社会科学の一つといえなくもない。しかし、このことにこだわるのは非生産的である。私たちにとっては、いずれの方法であれ、過去の人口についてできるだけ明らかにすることが目的なのである。

だいたい人口学自身、それ自体の方法・概念をもつばかりでなく、じつに多くの研究分野と接している。ざっと見ただけでも、経済学、疫病学、公衆衛生学、法制、地方行政があり、それに統計学は必須である。それを過去の社会に適用しようとすれば、さらに広い知識、歴史学的洞察が必要であり、多くの場合は依拠する資料が不完全であるから、近代国勢調査のような信頼度の高い集計資料を用いる場合とは異なって、自分で統計を作るという困難を伴う。そのため、まずは手書きの原史料の収集から始めなければならないことになる。

筆者の経験から、この分野の研究にまず必要なのは、困難に対する忍耐心、長期の単純作業にめげない持続力であり、その土台の上に歴史学的洞察力と社会科学的分析力をもった研究者が建築物を造るのがもっとも効率的である。そういった意味では、歴史人口学は多くの、違った手法をもつ人々によって達成可能な、総合的科学研究分野である。

筆者がこの分野に手を染めたころ、今から四十年近く前のことだが、まだコンピューターはおろか電動計算機すらなかった。コピー機器、マイクロ・フィルム撮影装置もなく、今なら一月で済ますことのできる作業に一年をかけたりした。しかし、毎日毎日が新しい発見の連続で、休日も返上して取り組んだものである。そのころからすれば、現在はこの分野の研究にとって大いに恵まれた時代となった。パソコンで瞬時に計算ができ、やるごとに結果が違って一日棒に振ることもなくなった。グラフも図表とほとんど同時に書け、ちょっと早く生まれすぎたかな、という思いもないではない。

そういった思い出もあり、本書は一種の「自分史」を意識して記述した。読者にとっては、いささかつき合い難いことかもしれないが、筆者も古稀をこえ、ここいらで自分の学問を振り返っておきたい気持ちがそうさせた。一つの学問の形成には、いろいろな方々との「出会い」がいかに大事かおわかりいただけるだろうと思う。そもそも私と歴史人口学との「出会い」は、本文に述べたように、失敗というか、本来の目的が外れたことから起こった。何か論理的・必然的というより、運命的なものを感ずる。

本書の出版を勧めて下さった文藝春秋新書編集部浅見雅男、嶋津弘章の両氏、本書の編集に絶大な尽力をいただいた、共著者といっていい小石淑夫氏のご尽力に深く感謝する。と同時に、この数十年間、筆者に協力を賜った方々——その名を記すだけでも数ページになるだろう——にも心から御礼を申し上げたい。

二〇〇一年九月

速　水　融

第一章　歴史人口学との出会い

最初に私と歴史人口学との出会いから始めよう。

平成十二（二〇〇〇）年ノーベル賞を受賞された白川英樹教授は、受賞理由になった研究はじつは一つの偶然というか、失敗が元になったことを述べておられ、いろいろな人がそのことについて触れている。私の場合にも、もちろんノーベル賞ではないけれども、それに似た状況があった。

海外留学への道

私は昭和二十八（一九五三）年に慶應義塾大学の経済学部に助手として入り、野村兼太郎教授に教えを受けた。慶應義塾には、戦前からずっと海外留学の制度があって、教員になるとほとんど全員が一年ないし二年間留学し、海外の新しい学問を学ぶ機会を与えられていたのだが、その制度が、戦争中はもちろん戦後もしばらく途絶えてしまい、昭和三十年代に入ってからようやく復活した。ただ、それまで行くことができなかった人がたくさんいたので、まずそういう人たちに海外留学を、ということで、何人かの人が出かけた。

一方では、戦後いろいろな基金、たとえばフルブライト基金やブリティッシュ・カウンシルの研究費といった、外国のスカラーシップを得て海外へ行く人もいた。

しかし、私のように日本経済史を研究する者にとっては、外国語に接することが少なく、そのような試験をパスすることは覚束なかった。外国へ行ってみたいという気持ちは強かったが、いつ実現するのかはまったくわからなかった。

ところが昭和三十七年に、時の塾長であった高村象平教授の発案で、福澤基金による海外留学制度ができた。これは、一般の海外留学制度ではなかなか若い人たちに順番が回ってこないので、とくに三十五歳以下の人たちに、同じように一年分の留学費用を渡して海外へ行かせるという制度だった。私は三十七年当時は三十三歳で、かろうじて三十五歳以下だったので、第二回の福澤基金による海外留学生として、昭和三十八年の二月、当時の羽田国際空港から出発した。

慶應義塾は自由な学風をもっていて、好きなところへ行って好きなことをやってこいということで、あまり強い束縛はなかった。しかし当時の日本は、いまのような高度成長以前である。受け取った留学費用がけっして少なかったわけではないが、なにしろ航空運賃が高かった。現在のようにディスカウントチケットがあるわけでなく、全部正規の料金を払わなければいけなかった。当時はヨーロッパ往復で六十万円くらいしたので（六十万円というのは留学費用の三〇％弱に相当する。というと留学費用をいくらもらったかわかってしまう）、その残りで一年間暮らさなければならないことになる。

当時は一ドルが三百六十円の固定レートで、海外へ行く人には持ち出すドルに　日二十五ドルという枠があった。一年間だと二十五×三百六十五×三百六十円＝約三百三十万円の枠になる。その三百万円以上の円で持ち出し用のドルを買うことができるわけだ。ところが、その枠いっぱいの円が私にはなかった。こういうことはもう時効になっていると思うけれども、残りの枠を、ドルがほしい円をもっている人に売り、その円でまたドルを買うということをやって、どうにか一年近い分をドルに換えて出かけた。

留学先にポルトガルを選ぶ

さて、どこへ行って何をやるかということだが、私は日本経済史が専門だから、日本経済史に関連のあるところでないといけない。そこで留学目的を二つ考えた。一つは比較経済史。近代以前の社会の経済史について、日本とヨーロッパを比較するということ。それからもう一つは、十六、七世紀のころ直接日本と関連があり、貿易で経済的にもつながっていたヨーロッパ諸国、初めはポルトガル、スペイン、後にオランダ、イギリスというふうになるが、なかでもポルトガルとのあいだの貿易について知りたいと思った。

というのは、学部当時の私のゼミの先生だった高村象平教授に『日葡《ポ》交通史』という本がある。この本は経済史の専門家による日本・ポルトガル関係の歴史書としては唯一のもので、他の日葡関係の本がだいたいカトリックの布教について書いてあるのと違い、貿易という観点から書かれている。しかし、教授がこの本を書かれたころにはもう戦争が始まっていたこともあり、ポルトガルの一次史料を使ったものではなかった。それで、ポルトガルへ行って一次史料まで探って研究すれば、さらにこの研究を深めることができるのではないかと考えた。

しかし、その裏には不純な動機もたくさんあった。ポルトガルはヨーロッパのなかでいちばん物価が安いから、日本からもっていった円で十分暮らせるだろう。それに、商社もまだそんなに進出していないし、学問の世界で行っている日本人もほとんどいないから、勉強していなくてもバレないだろうということもあった。

それから、ポルトガルの首都リスボンを舞台にした『過去をもつ愛情』というフランス映画があって、この映画に映し出されるリスボンの街が非常に綺麗だった。どういう点で綺麗かというと、建物がまっ白だった。当時、パリの街などが自動車の排気ガスや工場の煙のため建物もまっ黒だったのとは対照的である。要するに工業化されていない国の街なのだ。そういう美しさがある上に、ローマと同じように七つの丘があって、町が立体的である。ロンドンとかパリは平坦なところにあるが、リスボンは丘がある都市で、起伏に富んでいる。さらに、その映画にも出てくるのだが、ファドという民謡があって、二人の男性ギターにあわせてファディスタと呼ばれる女性が歌う、酒場というかワインを飲ませる場所がある。そこで歌っていたもっとも有名な歌手が、万博のときに日本にやってきたこともあるアマリア・ロドリゲス。彼女は一九九九年に亡くなったが、そのときにポルトガルは三日間喪に服した。誰かが言っていたように、日本では美空ひばりが死んでも喪に服さなかったが、とにかくそれくらいポルトガルで有名であり、人気が高かった。その彼女のファドを聴きたいというような動機もあって、結局ポルトガルを選ぶことになった。

ポルトガルでの生活

二月に日本を出てリスボンへ向かったが、当時の状況では、私が海外へ行くことは二度とあり得ないだろうと思っていた。それで、そのころ出ていた本のタイトルに『何でも見てやろう』というのがあったが、まさに何でも見てやろうという気持ちで、途中の国々に寄れるだけ寄って行った。とくにイスラム世界をこの目でじかに見たいという気持ちが強かったので、テヘラン、ダマスカス、ベイルート、カイロと寄り道をして、二か月近くかかって四月にリスボンに着いた。この旅行は私にとってひじょうに大きな体験で、いつか一冊にまとめたいと思っている。

私にはリスボンに着いてからしたいことが二つあった。一つは、ポルトガルの海外発展について世界的に有名な、リスボン大学のゴディニョ教授に会っていろいろ教えを乞うこと。もう一つは、古文書館へ行って日本との貿易関係の史料を探すことだった。

ところが、いざ着いてみたら、ゴディニョ教授は、当時のサラザール政権下で大学を追放になっていた。サラザールは、破綻していたポルトガル財政を一九二〇年代から三〇年代にかけて立て直した功績で有名だが、彼の政権はファシスト政権という烙印を押されている。隣国スペインのフランコ政権ほどではないが、やはりピデという秘密警察があって、それに密告されると牢屋に入れられてしまうので、みなびくびくしながら暮らさねばならず、サラザールの悪口などいえないような状況だった。

しかし、最終的にはゴディニョ教授に会うことができた。それは、私がよく出かけて行った本屋の主人に、じつはゴディニョに会いたいのだが、あなたは会う方法を知ってるかと訊いたところ、こっそり会わせてやろうということになったのである。そのかわり少し不愉快な思いをしなければならないかもしれないと言われ、目隠しされて車に乗り、隠れ家へ案内された。そこでゴディニョ教授に会い、一、二時間は話すことができた。しかし、向こうは専門家で偉い先生であるし、事情が事情で、しょっちゅう彼のところへ行って話をするわけにもいかず、

リスボンの街角（1963年４月）

結局一回会っただけで終わってしまった。

もう一つの目的である古文書館へ大使館の紹介で行くと、さあどうぞと通された。古文書を前に、どうぞごらんくださいというわけだが、現在ならともかく、その当時は史料が十分に整理されておらず、カードはできていないし、分類も十分にされていなかった。日本関係の史料も、きちんと分類されていれば取り出せるのだが、そうなっていないものだから、自分で探さなければならない。おまけに十六、七世紀の古文書だから、当然手書きである上に、使われている言葉も、もちろん現在のポルトガル語ではないし、さらにスペイン語あり、イタリア語あり、ラテン語ありといった状況である。私のポルトガル語というのは、まさに『ポルトガル語四週間』程度だったので、その程度の力ではとうてい太刀打ちできなかった。だいたい文書のなかから「ジャポン」（日本）という文字を見つけることすら難しい状況で、結局、あまりというか、ほとんど成果の上がらないままどんどん日がたっていく、というありさまだった。

当時は海外へ出る日本人が少なかったこともあり、天皇誕生日（四月二十九日）になると、大使が日本人を公邸へ招いてくれた。先年、ペルーで大使が天皇誕生日に公邸に日本人を招いたところをゲリラに襲われた事件があったが、あれと同じである。二十人くらいの日本人が集まったが、大使はひじょうにいい人で、私に大使が大好きなコントラクト・ブリッジを教えてくれた。私は生来室内競技が好きなので、時間はあるし、ついコントラクト・ブリッジに熱中して、結局、リスボンではコントラクト・ブリッジを覚えただけで終わってしまった。

ポルトガルの日本貿易関係史料については、後に慶應義塾大学文学部の高瀬弘一郎教授が広い学識をもって何年も行かれ、すぐれた業績を出され、学士院賞まで受賞されている。だから、私がやっていたとしても簡単に高瀬氏に追い抜かれてしまっただろう。

そうこうしているうちに夏になり、古文書館は閉鎖になってしまうし、大学ももちろん夏休みになってしまった。そこで西ヨーロッパのほうへ出て、オランダのハーグにある小さいホテルの屋根裏部屋を借り、そこを拠点にして、安い自動車を買い、三か月間くらい走り回ってあちこち旅行をした。

やがて十月も末になり、またポルトガルへ帰る段になると、ちょっと後ろめたくなってきた。慶應へ帰って「じつは何もやれませんでした」と言っても、じゃあカネを返せというような大学ではないだろうが、「ざまあみろ」というふうには言われたくはなかった。

ゲント大学へ移る

そこでどうしたかというと、友人のベルギー人外交官に手紙を書いて、ポルトガルへ来たけれども、自分の研究があまりうまく進んでいないので、留学先をベルギー、なかでもゲント（Ghent）大学にしたいという意思を伝えた。ゲントというのは英語読みだが、現地読みではヘント（Gent）。フランス語ではガン（Gand）となる。ベルギーでは英語、フラマン語（フランダース語）、ワロン語（フランス語）の三つの読み方があるが、一般には英語読みでゲントといっている。

そのベルギー人外交官と知り合ったきっかけは、次のようなことからであった。私は留学前、日本でポルトガルの外交官からマンツーマンでポルトガル語を習っていた。彼はその後出世して、ポルトガルにとってはひじょうに大事なスペイン大使や国連大使をやり、いまはリタイアしてリスボンの大学で教えている。先日、彼をリスボン郊外の自宅に訪ねたらひじょうに喜んでくれた。それはともかくその当時、一九六〇年代の初めのころというと、ヨーロッパの外交官は日本ではあまり用事がなく、しょっちゅう会ってはパーティをやっていた。彼から、お前も来いと招待され、私もそのパーティに出ていっていろいろな人と片言ながら英語で喋る機会を得た。そのなかで、なぜかそのベルギーの二等書記官と親しくなったのである。

一方、なぜゲント大学を選んだのかというと、私がひじょうに尊敬する歴史家、ベルギー生まれのアンリ・ピレンヌが、ずっとゲントの大学で教えていたからである。

ピレンヌは二十世紀（少なくとも二十世紀前半）最高の歴史家である。『マホメットとシャルマーニュ』という珠玉のような著書（邦題『ヨーロッパ世界の誕生』中村宏・佐々木克巳訳、創文社、一九六〇年）があり、そこでピレンヌは、イスラム教という、ヨーロッパあるいはキリスト教世界とは異質の世界との接触によって初めて、ヨーロッパ人がヨーロッパあるいはキリスト教世界を意識するようになり、「ヨーロッパ」ができたという。つまり、異質の文化との接触によって自分を見つけることができたのだという主張である。

あるいは、イスラム教徒が地中海をずっと占拠してしまったために、地中海で自由に貿易することができなくなり、そのためヨーロッパは自給自足しなければならなくなった。それがヨーロッパの封建社会であり、そこからヨーロッパが始まるのだというのである。これはひじょうに大きい歴史観で、かつ日本で優勢であった、いわゆるマルクス主義的なそれとはまったく違うものである。出会って以来、ピレンヌのこの本はまさに私の座右の書となっていた。

ゲントの中世商館(1964年7月)

ついでながら、そのアンリ・ピレンヌに『ヨーロッパ史』という本がある。この本は、なんとピレンヌが第一次世界大戦でドイツ軍の捕虜になったときに捕虜収容所で構想したものである。第一次世界大戦のころは、まだ捕虜収容所というのもそれほど悲惨なものではなかったし、将校の待遇も、ヨーロッパ人同士だとそんなにむちゃくちゃなことはなかったのだろう。だからピレンヌは、捕虜収容所にいるヨーロッパのいろいろな国（ロシアを含めた）の捕虜たちにヨーロッパ史の講義をし、その講義ノートを元にしてこの本を書いたのである。やはりこれは第一級の学者でなければとうていできないことであろう。

面白いことに、第二次世界大戦のときに捕虜になったのが、こんどは二十世紀後半最大の歴史家であるフランスのフェルナン・ブローデルである。彼もやはりドイツ軍の捕虜になり、捕虜収容所で構想を練ったのが『フェリペ二世治下の地中海』（邦題『地中海』一～五、浜名優美訳、藤原書店、一九九一～九五年）である。第一級の歴史家は、捕虜収容所においても第一級の歴史書を準備することができるのだ。

ゲントを目指したさらにもう一つの理由は、大聖堂（カテドラル）に掛かっている、十五世紀のファン・アイク兄弟が描いた「神秘の小羊」という祭壇画である。その一部分はナチス・ドイツがもっていったが、『聖書』に出てくる物語で、生贄《いけにえ》になる小羊が後方で光を放っている絵である。『ホモ・ルーデンス』（高橋英夫訳、中央公論社、一九六三年）などで有名なオランダの歴史家ヨハン・ホイジンガは、この絵を見て霊感を得て、『中世の実り』（邦題『中世の秋』堀越孝一訳、中央公論新社、二〇〇一年）という本を書いた。

なぜ「中世の実り」なのか。実はその絵はルネサンス期に描かれたものだが、通常、ルネサンスというのは近代の始まりだというふうにとらえられている。けれどもホイジンガはその絵を見て、ルネサンスは近代の始まりではなくて中世の終わりではないかという霊感を得た。それに基づいて書かれたこの著作は、それまでの通説を引っくり返すたいへんな本だった。私にはその内容が正しいか正しくないかの判断はできないが、私もそのシント・バボフというカテドラルへ行ってその絵の前に立てば、何か霊感を得ることができるかもしれない、それで大著を書くことができるかもしれない、というひそかな期待があったのは事実である。幸い友人のベルギーの外交官は、ゲント大学出身ということもあり、いくばくかのスカラーシップをとってくれた。そこで、翌年の二月の学期からゲント大学へ移った。

フェルリンデン教授

移るにあたって、ゲントで実際何をやるかというと、もちろん大聖堂へも行かなければならないが、ゲント大学にいるフェルリンデンという経済史の先生の指導を得たかった。というのは、フェルリンデン教授が戦後ポルトガルへ来て、ヨーロッパのなかでもいちばん古い大学の一つ、コインブラ大学の客員教授として経済史の講義をした内容が、フランス語の本になってポルトガルで出版されていた。日本では誰も知らないこの本『一般経済史――二つのサイクル』を、私は例のリスボンの本屋で見つけて、買って読んでいたのである。

この本の内容が私の考え方をひじょうに刺激した。それまでの私は、経済史は古代奴隷制、中世農奴制、近代資本主義というふうに展開するものだと思い、習ってきていた。当時の日本ではそういう考え方が優勢だったし、いまでも一部そういうきらいがある。しかし、フェルリンデンはそういう考え方が優勢だったし、いまでも一部そういうきらいがある。しかし、フェルリ

ンデンはそういう区分をいっさいせず、経済史を第一局面、第二局面とに区分する。第一局面というのはヒトやモノやカネの流れがそれほどない時代。第二局面というのはそういうものが流れ出す時代である。もちろん国により、場所により、技術によって差はあるけれども、そういう枠組みで書いている。まさにゼネラル・セオリーなのである。

これは、私が「経済社会化」という言葉を使って、日本が経済社会化する以前と以後の二つに分けて考えることとまさに一致していた。そういう考え方が私のなかにあって、だんだん確固たるものになっていったのは、ポルトガルへ向かう途中の中近東の旅で、ピラミッドへよじ登ったときのことだった。

ピラミッド上での悟り

いまはピラミッドへ登ることはもちろんできないが、一九六三年当時は登ろうと思えば登ることができた。ピラミッドはできてから何千年もたっていて石が風化しているから、手足をかけてよじ登るのはそれほど難しくはない。もちろん転がり落ちたら命はないが、追いかけてくるガイドを振り切って頂上まで登って、そこで悟りを開いたというか、このばかでかいピラミ

ッドをつくった国王のもつ権力の大きさを体感したものだった。

ピラミッドとは王家の墓だから、実用目的は何もない。その何の実用目的もないものが莫大なエネルギー・人力を使ってできているのだ。しかも当時は、近代技術はもちろんないから、石一つ運ぶのだってたいへんだったに違いない。一辺が一メートル近く、高さ二メートルくらいの石をナイル河を使って上流から運び、これを河岸からコロを使って押し上げ、さらに積み上げていったのだ。それも幾何学的に綺麗に積み上げていく。さらに、一年のうちに一回、陽が射して奥まで届くような穴をつくって、そこに柩《ひつぎ》を置く。そういう天文学的な知識も必要だし、たいへんな技術と労働を動員し、組織する権力があったのだと思う。

ピラミッドを建設する技術はあったけれども、それが農業を発達させるとか、あるいは人々の役に立つとかいうことは何もない。現在は観光資源になっているが、当時の人々にとっては何の役にも立たない。そういうものがつくられている。古代文明というのはたいへんなものだし、何か異質なものだと感じ入った。

ところで、そのピラミッドの頂上から下を見ると、いま住んでいる人たちの家が下にいくつか見える。もちろん日本と違って木材がないから、石でできている。砂漠だから、なかには天井がなかったり、屋根がないものもある。ピラミッドはサハラ砂漠とナイル河岸の緑地との接線に沿い、上から見ると、ずっと地平線までつらなっている。片側はサハラ砂漠の真っ茶色、反対側はナイル河流域の緑で、その対照が素晴らしい。その頂上で、日本で有力であった歴史観はどうも間違っているようだと気がついた。つまり歴史は古代、中世、近代というふうに展開したわけではない。中世と近代はつながっているかもしれないけれども、古代は古代で完結し、そこでいわば化石化してしまって、ずっと現代まで来ていたのではないか。それが最近になって、また動きが出てきたと解釈すれば納得できる。

　そのように、歴史を単線的に考えるのではなくて、少なくとも複線、あるいはもっとあるかもしれない多元的な見方で見る必要があるということを、ピラミッドの上で考えついたところだった。そこへフェルリンデン教授の著書にめぐり会い、なるほどと思い、この先生について教えを乞いたいと強く思ってゲントへ行ったのである。

　ところが、いまだったら電子メールやインターネットで確かめて行くのだろうが、ぽんと行ってフェルリンデン教授に会おうと思い、事務室を訪ねてみたら、何とフェルリンデン教授はその学期は研究休暇で、イタリアのほうへ出かけてしまい不在だという。会うことすらできないということで、これまた失敗してしまった。

　もうがっくりして、ゲントで毎日教会の絵の前に行くわけにもいかず、棒に振るのかと思っていたが、フェルリンデン教授のあとに、日本流にいえば非常勤講師として、ブラッセル自由大学のクレーベックス教授が来て経済史の講義を担当されていた。年齢も近かったし彼と知り合って親しくなり、いっしょに食事をしたり、ブラッセルにある彼の自宅に招かれたりした。

ルイ・アンリの著作との出会い

あるときクレーベックス教授が、最近ヨーロッパでひじょうに注目されている本があるといって、フランス人のルイ・アンリという人が同僚といっしょに書いた歴史人口学に関する本を私に見せてくれた。一冊は普通われわれがいうマニュアルで、歴史人口学の手法・入門について書かれている本。もう一冊は実際の分析で、ノルマンディー地方のクリュレーという教区（教会組織の単位）の人口を扱った本だった。

ルイ・アンリ生誕80年の記念メダル

「歴史人口学」は、日本ではまったく紹介されていない分野だったが、読んでみるとたいへんな研究だということに気がついた。あまり得意ではないフランス語を辞書や、時には文法書を引きながら惹きつけられるようにして読んだ。ルイ・アンリのやった仕事は、「教区簿冊《きょうくぼさつ》」（parish register）の分析である。「教区簿冊」というのは教会に備え付けられている記録簿で、どんな教会にもある。もちろん日本のキリスト教会にも備え付けられている。牧師が作成するのだが、生まれた子供に洗礼を授けたこと、結婚に立ち会ったこと、死者の葬儀をしてその教会の墓地に埋葬したこと、の三つが個別に日記風に記録されている。現在では、結婚に関しては必ずしも牧師が立ち会わない場合もあるが、要するに生まれて、結婚して、死ぬという人生の三大イベントが、男女個人個人ごとにすべて記録されているわけである。

　洗礼のときは「何月何日に誰に洗礼を授けた」、「名前はこれこれ」、「誰と誰の息子あるいは娘」と記録される。結婚のときは「誰と誰が結婚した」、相手がよその教区から来たら「どこそこの教区から来た」と記録され、だいたいは年齢が書いてある。また当事者のサインがあり、サインできない者は牧師が代わってサインしている。埋葬のときは「何月何日に誰それが死んだ」と書いてある。

　もちろん、ヨーロッパの人なら誰でも、いやキリスト教徒ならば誰でも「教区簿冊」の存在は知っていた。しかしそれを人口学の史料にしようとしたのは、じつはルイ・アンリが初めてだった。ただ出生の数を数えるとか死亡の数を数えるということならば、それまでの人もやっていたので、初めてというのは言いすぎかもしれないが、それを使った研究を「歴史人口学」として確立したのはルイ・アンリが初めてなのである。

ルイ・アンリの方法

ルイ・アンリが「教区簿冊」を整理した方法は、個々人を結婚してから死ぬまでずっと追いかけていくことが基本である。文章にすれば、「一六五〇年にピエールという人が生まれた。一六八〇年にピエールはフランソワと結婚したが、フランソワはどこどこの教区から来た。一六八二年にピエールとフランソワはマルクという名の子供を産み、その子の洗礼をした。ところがマルクはその翌年に死んでしまった。次にルイーズという子供が生まれたが、その子はずっと生きて、さらにその二十年後に誰かと結婚した云々」ということになる。このように整理していくことによって、一組の夫婦の結婚、その夫婦の産んだ子供の成長、死亡ということがずっと追えるようになった。

　これを何十、何百、何千と集めていくと、当時の人々が平均いくつで結婚したか、何人子供をこしらえたか、その生まれた子供はどれくらい成長したか、子供のうちにどれくらい死んでしまったか、平均してどれくらい生きたか、などということがわかる。

　これをルイ・アンリは、英語にすれば「ファミリー・リコンスティテューション」(family reconstitution) と呼んでいる（日本語訳は「家族復元」とした）。フランスでは一六四〇〜五〇年ころから「教区簿冊」が残っており、ルイ・アンリはその家族復元法によって、近代人口統計成立以前、十七〜十九世紀フランスの人口指標（もちろん全国ではなく、いい史料が残っている教区に限られるが）を明らかにした。

ルイ・アンリのこの方法が開発されるまでは、誰もが、十九世紀にほとんどの国で国勢調査が始まる以前の人口に関する指標は得られないものだと思っていた（ヨーロッパの国勢調査は早い国で十八世紀末、ほとんどが十九世紀のナポレオン時代以降に始まっている）。ところがルイ・アンリの方法を用いると、「教区簿冊」が残っていれば、フランスでは少なくとも十七世紀半ば以降、イギリスならばもっと古く十六世紀の半ば以降（イギリスでは、ヘンリー八世が修道院解散令を出してローマ法王と縁を切った一五三八年に、「教区簿冊」をきちんと揃えろという勅令が出て、それ以降各教会は「教区簿冊」をつけ出した）、極端にいえば現在まで続いて、小さな人口集団（けっして大きくはなく、史料の残り方にも依存するが）の人々の人口学的な行動（結婚、出産、あるいは死亡）に関する史料を得られることになる。だからこれはたいへんな革命というか、革新なのである。この分野にはノーベル賞はないが、もしあったらルイ・アンリは間違いなくノーベル賞に輝いていたと思う。

日本の歴史人口学史料「宗門改帳」

なぜ私がルイ・アンリの方法に打たれたかというと、私自身が留学する前、慶應義塾大学の助手時代に、野村兼太郎教授から「宗門改帳《しゅうもんあらためちょう》」の整理を依頼され、それを通じて人口の趨勢、出生率、死亡率、結婚年齢などを、いまから思えば原始的な方法だが、ともかく出して報告書をつくっていたからである。

もちろんそのときはルイ・アンリの方法など知らなかったから、ただ人口指標をカウントする（生まれた数を人口で割って出生率を出す）といった程度で、個々のライフ・ヒストリーを追うなどということはやっていなかった。やろうと思えばできたわけだが、そういう方法には気づかなかったのである。しかし、日本にいい史料があるということだけはわかっていた。

野村教授は戦前に『五人組帳の研究』という著書を出され、二冊目は戦後に『村明細帳の研究』を刊行され、それから三冊目に『宗門改帳の研究』を計画されていた。そこに、野村ゼミで整理していた美濃国神海《こうみ》村の研究を初め、私が整理した村の集計結果を使われる予定だったと思う。しかし、『宗門改帳の研究』はとうとう出ないで終わってしまった。ともかく当時「宗門改帳」を使った研究というのはほとんどなかったのだから、野村教授からそういう史料の存在を教わり、実際それをいじって整理することまでやったということは、私にとってひじょうに幸運だった。

ルイ・アンリの本を読むうちに、日本の史料（「宗門改帳」）に彼の方法を適用すればたいへんな成果になるということに気がついた。当初の留学目的は達しえず、また、ゲント大学ではフェルリンデン教授に会えず、空振りを二つしたわけだが、「歴史人口学」という大きな収穫を得て、東京オリンピック（昭和三十九年十月）の直前に日本へ帰ってきた。

第二章　「宗門改帳」という宝庫

研究のスタート

この章では、私がヨーロッパで「歴史人口学」に出会ったとき、ただちに心に浮かんだ日本の史料——「宗門改帳」——について解説することにしよう。

昭和三十九（一九六四）年に帰国して研究を始めたのだが、まずは必要な史料を集めなければならなかった。そのためには研究費が必要なのだが、最初から研究費を受けることはできない。そこで仕方がないから私の蔵書を売って研究費をつくった。ちょうど運よく大学の設立ラッシュで、いまは安くなってしまった古本でもけっこう高く売れて、それである程度の資金ができた。

まだマイクロフィルムの撮影装置とか、コピーの機械とかがない時代だったから、普通のカメラに三十六枚撮りのパトローネを入れて、三十六コマ撮ると入れ替えるというまどろっこしいやり方だったけれども、他にやり方がないので、それで史料の撮影を行った。最初は国立史料館へ行って、そこに所蔵されている、比較的数が揃っている尾張国海西《かいさい》郡神戸《かんど》新田とか信濃国諏訪藩領の「宗門改帳」の撮影から始めた。

そうこうしているうちに、幸いにも昭和四十一年度から文部省の科学研究費を受領することができ、また、そのころマイクロフィルム撮影機が出てきたのである。これはわれわれ研究者にとっては一種の革新で、百フィート巻きのフィルム一本で、三十六枚撮りフィルムの二十倍近い六百コマから七百コマくらい撮ることができる。しかし、マイクロフィルムの撮影機というのはかなりの重さがあるので、手で運ぶというわけにはいかず、撮影装置を車に載せてあちこち撮って回った。当時、車を運転する人もそれほど多くなかったし、車にマイクロフィルムの撮影装置を載せ、走り回って史料を撮るというのは、私たちの年代ではたしか最初だったかもしれない。とにかくそうやって各地の「宗門改帳」の収集を始めたのである。

時刻表にヒントを得たＢＤＳ

ソフト面に関しても、それまでと違った史料の整理法を開発した。それまでは一枚のシートに一家族を一年単位で記していたものを、大きなＢ４判のシート一枚に、一世帯の一十五年間の出来事を記していくようにした。そこに史料に記録されている個人個人の名前を書いて、その行に毎年の年齢を入れ、生まれたり、死んだり、よそへ行ったり、結婚したり、といった変化を全部書き込んでいく。つまりそのシートを一枚見れば、そこに出てくる人がどういう行動をとったのかということがいっぺんにわかるのである。この整理シートをＢＤＳ（Basic Data Sheet、ベーシック・データ・シート）と名付けた。

ただし、これをつくるにあたってのヒントはとんでもないところから得ている。それは何か

家番号 59

15	16	17	18	19	20	21	22	23	24	25
				子男	子女	妹	弟	姉	子男	子女
				同右ェ門	るん	しゅん	万七	まつ	定吉	けん
				×40才 大坂町方へ奉公 ↓ 内へ入（文化6未）↓ 44才 当村弥平次方へ養子ニ遣（文化11） (NO67)	×19才 多芸郡東栗笠村与十三郎方へ奉公 ↓ 26才 今ケ渕村六弥方へ去年縁付（文化8）	×35才 中郷村喜与八方へ 23年以前縁付	×47才 名古屋町方へ奉公 ↓ 内へ入（文化13未）	×57才 当村弥次兵衛方へ41年以前縁付 (NO67) ↓ 死去 77才（文政4未）	×23才 名古屋袋町綿屋定八方へ奉公 改名 万吉（寛政13未）↓ 内へ入（享和2未）	×27才 大垣御家中へ奉公 ↓ 28才 大垣船町浅野屋清助方へ縁付（享和2）

計						持高		順序
男	女	計			馬	石	合	
2	3	5				9	638	40
2	3	5				〃		41
3	3	6				〃		40
3	2	5				〃		40
3	2	5				〃		40
3	2	5				〃		39
3	2	5				〃		39
3	2	5				〃		39
2	2	4				〃		38
2	2	4				7	638	39
2	2	4				1	651	39
2	2	4				〃		39
3	2	5				〃		37
2	2	4				〃		37
2	2	4				〃		36
2	0	2				〃		36
3	0	3				〃		36
3	1	4				2	851	34
3	1	4				〃		35
4	1	5				〃		35
4	1	5				〃		35
4	1	5				〃		35
4	1	5				〃		34
4	2	6				〃		34
4	2	6				〃		34

美濃国安八郡西條村

			1	2	3	4	5	6	7	8	9	10	11	12	13	14
東本願寺宗		名	伊右エ門	女房	るん	るの	周右エ門	万吉	百次郎	周右エ門	周右エ門女房	定次郎	この			
		性別	M	F	F	F	M	M	M	M	F	M	F			
		戸主との続柄		妻	女子	女子	男子	男子	男子	叔父	叔父女房	同人男子	同人女子			
寛政13年	(1801)	辛酉	・54	49	16	12	32									
享和 2	(1802)	壬戌	・55	50	17	13	33									
3	(1803)	癸亥	・56	51	①18	14	34	33								
4	(1804)	甲子	・57	52		15	35	34								
文化 2	(1805)	乙丑	・58	53		16	36	35								
3	(1806)	丙寅	・59	54		17	37	36								
4	(1807)	丁卯	・60	55		18	38	37								
5	(1808)	戊辰	・61	56		19	①39	38								
6	(1809)	己巳	①62	57		20		①39								
7	(1810)	庚午		58		21	41	・40								
8	(1811)	辛未		59		22	42	・41								
9	(1812)	壬申		60		23	43	・42								
10	(1813)	癸酉		61		24	②44	・43	2							
11	(1814)	甲戌		62		25	△	・44	3							
12	(1815)	乙亥		①63		①26		・45	4							
13	(1816)	丙子						・45	5							
14	(1817)	丁丑						・46	6	43						
15	(1818)	戊寅						・47	7	44	22①					
文政 2	(1819)	己卯						・48	8	45	23					
3	(1820)	庚辰						・49	9	46	24	2				
4	(1821)	辛巳						・50	10	47	25	3				
5	(1822)	壬午						・51	11	48	26	4				
6	(1823)	癸未						・52	12	49	27	5				
7	(1824)	甲申						・53	13	50	28	6	2			
8	(1825)	乙酉						・54	14△	51△	29	7	3			
			①死去(米)	①死去(米)	①奉公ニ出(米)	①死去(米)	①奉公ニ出(米) ②養子ニ遣(米) △弥助	①家督ニ成(米)	△周右エ門	△伊右エ門	①当村作右エ門妹 去年縁付参 (NO24)					

美濃国西条村のＢＤＳ

というと、列車時刻表である。私は鉄道ファンで「時刻表」が愛読書だった。小学生のころは勉強しないで「時刻表」をめくったり、はてにはつくったりしていて、親にさんざん叱られたものだった。ファンでないとその面白さがなかなかわからないかもしれないが、いまこの汽車はどこを走っているとか、ここで乗り換え時間が何分あるとか、架空旅行しながらページをめくるのは、ファンならではの楽しみである。今でも、もし何かで牢屋に入れられたら「時刻表」を差し入れてほしいといっているくらいである。

「時刻表」では駅が左辺に書かれ、列車が着いたり出たりする時間がずらっと並んでいる。BDSの場合、駅にあたるのが年代で、たとえば文化二年、三年、四年と左辺に縦に並ぶ。そして列車にあたるのが個人個人。たとえば伊右エ門さんが文化二年には五十八歳だったら、翌年は五十九歳、その翌年は六十歳ということになる。そうすると、その欄に五十八、五十九、六十と書いていく。

「時刻表」と違うのは、人間のスピードはみな同じで、特急や急行はない点だ。つまり一年たてば全員同じように一歳年をとる。もちろん記載の間違いがあって、ぽんと飛んだり、あるいは同じ年齢で止まっているものもないわけではないが、案外少ないもので、間違いの率は一%以下である。だからみなずっと同じスピードで走っていると考えればいい。途中でどこか別のほうへ行く、つまり結婚してよそへ行くとか、途中から入ってくるというのも「時刻表」どおりである。途中でストップしてしまう、つまり死んでしまうという者もいる。

このBDS方式を最初開発したのは昭和四十一年だったが、いまだにこれ以外の整理法というのはないし、日本のような住民台帳型でいろいろなことが書いてある史料を整理する場合、これがいちばん便利である。

またそのころ、コピー機もだんだん出始めてきた。最初のころのコピー機は、湿式といって液のなかに浸していく方式だった。だからけっこう臭くて、研究室にこれを備えておくと、研究室に酢のすえた臭いが充満したものだった。しかし、このコピー機のおかげでらくに二枚のBDSをつくることができるようになった。そうした、マイクロフィルムの撮影機とか、コピー機とか、初期の段階での技術革新でもずいぶん助けられたと思っている。

昭和四十一年には、「尾張国神戸新田」を対象とし、ヨーロッパで習った歴史人口学の手法を適用した最初の歴史人口学の論文を、慶應の『三田学会雑誌』に発表した。翌年にはその続編を発表し、そのなかで、ルイ・アンリが開発した方法を用いて、出生や結婚に関する詳しい観察結果を発表することができた。ルイ・アンリに後れること八、九年で、日本でも「家族復元」がなされるようになったのである。

ところが、一九六〇年代当時の日本の学会では、まだいわゆるマルクス主義の歴史観・経済史観が強く、私の場合はそうではない上に、テーマが人口ということもあって（マルキシズムで取り扱うのはいわゆる過剰人口で、歴史人口学のような研究自体行わない）、経済史家のあいだからはあまり反響がなかった。そういうことはある程度予想もされていたので、私はその論文を英訳して外国の研究者に送ることにし、それ以後もずっとそのようにしている。

翌昭和四十二年になると、それまでマイクロフィルムで収集してきた史料から、信州の諏訪地方の人口に関する論文の第一号を発表した。この史料からは数年間にわたっていくつか発表したし、そのほかにも、江戸時代初期の人口推計に関する論文を日本語・英語両方で発表した。

「宗門改帳」の特色

ヨーロッパの「教区簿冊」と比較して日本の史料の長所は何かというと（もちろん欠点もあるが）、ヨーロッパの史料では人口の状態はわからないのに対し、日本のものでは人口や家族・世帯の状態がわかることである。

それはどういうことかというと、ヨーロッパの「教区簿冊」では、洗礼（出生）、結婚、埋葬（死亡）というイベントについてはわかるが、たとえばある村とかある教区の人口が何人か、そのうち男が何人で女が何人かといった人口の状態はわからない。イベントに関しては記録されていても、その教区に何人住んでいたのかはわからないし、家族復元といっても、住んでいた家族が復元されることはないのである。だから家族復元をやることで、何かその家族についてわかるということはできない。ファミリーという言葉はひじょうに翻訳が厄介なので、私は家族を復元するから「家族復元」というふうに翻訳してしまったが、いまにして思えばミスリーディングであったと考えている。

けれども、日本の史料「宗門改帳」は世帯が単位となって作成されている。復元などしなくても、どういう世帯がどういう人たちから成っていたか、その村の人口が何人だったかがわかる。と同時に、生まれた、死んだ、結婚した、あるいはどこかへ移動したということまで、ある場合には付箋をつけて、ある場合には朱書きで書き込んである。

私たちは出来事のほうを動態といい（動態人口）、状態のほうを静態というが（静態人口）、日本の史料では動態と静態の両方がわかる。これが日本の史料のひじょうな長所である。こういう長所をもった史料は世界にはあまりなく、歴史人口学が生まれたフランス、あるいはイギリスにもない。少なくとも毎年連続して作成されてはいない。けれども日本ではこれが毎年つくられた。

なぜ「宗門改帳」は毎年つくられたのだろうか。なぜ一人一人きちんとお寺の判をつき、この者は何宗の何とか寺の檀家だということをはっきりさせなければならなかったのだろうか。私はこれは、十六世紀半ばにヨーロッパからやってきたキリスト教が、日本の天下統一を進めていた人物、つまり、信長はともかく秀吉や家康にとって、ひじょうに困った存在だったからではないかと思っている。キリスト教は自分たちの天下統一にとってじゃまなものだったのである。

天下統一の途上にあった信長の時代には、むしろキリスト教を喜んで迎えて、日本の仏教の偉い僧侶と論争をやらせ、仏教の僧侶のほうが負けるという事件もあった。しかし、秀吉や家康の時代になると、キリスト教は一神教だから、天下人の上に神様がいるという構造は困ったことになるのである。

そのため、秀吉の時代に、土佐に流れ着いたサン・フェリペ号事件（慶長元＝一五九六年）をきっかけに、有名な長崎の二十六聖人の処刑が行われた。二十六人の信者・宣教師を捕まえて全員を磔《はりつけ》にしてしまったこの事件で、処刑された人々はバチカンでは殉教者として聖人になる。

要するに、日本側には根本的に一神教に対する恐れがあった。それで日本人一人一人について、間違いなく仏教徒でありキリスト教徒ではないということを寺に証明させ、判をついて提出させるという一種の異端審問を行ったのである。その結果が「宗門改帳」の成立である。

宗教と人口史料

歴史の皮肉といえるかもしれないが、ひじょうに面白いのがイタリア、スウェーデンの人口史料とキリスト教の関係である。イタリアでは十六世紀というと、ちょうどプロテスタントが出てきて、それに対抗すべく、カトリックが厳しい態度をとるようになった時期である。そこで、教会へ来る人たち、とくにイースターなどに来る人たちを調べて、一人残らず書き上げ、年齢まで書いてある史料がつくられた。日本語訳すれば「魂の記録」と呼ばれ、とくに北イタリア――だいたいベネチア、フローレンスから北のほう――に残されている。それを使ってイタリアでは歴史人口学の研究をしている。

カトリックの社会では、「聖書」を読むのは司祭の仕事であり、逆に一般住民は文字を読んではいけないとされていた。だから「聖書」は教会に置いておくものであり、家へもって帰ってはいけなかった。これが後に識字率に大きく関係してきて、南欧のカトリック地帯では、識字率が高くなるのがずっと遅れた。現に私が一九六〇年代にポルトガルへ行ったときも、ポルトガルのおとなの識字率は五〇%から六〇%だった。当然読めるだろうと思って書いても、読めない人がけっこういた。

一方、スウェーデンはルター派プロテスタントの国である。プロテスタントは逆で、全員が「聖書」を読めなければいけない。だから「聖書」は銘々が自分の家にもって帰る。そのためにグーテンベルクが、「聖書」を印刷するという仕事を始めたわけである。そこで教会は、エキザミネーション・レジスター（試験登録簿）をつくって、一人残らず文字が読めるか読めないかを調査した。生まれてすぐの赤ん坊ですらその対象になった。これが日本でいえば「宗門改帳」に相当する史料で、年齢や家族もわかるのである。

このように、日本とイタリアとスウェーデンとでは、キリスト教に対する態度がみんな違う。日本は厳重な禁止であり、「宗門改帳」を提出させる。イタリアはカトリックを守ろうとする。カトリックでは「聖書」を読むのは司祭であり、家にはもっていかない。そして教会へ来た者を書き上げる。スウェーデンでは一般の住民が「聖書」を読めるか読めないかが問題だから、それを調査する。そういう三者三様のキリスト教に対する姿勢で史料がつくられ、現在のわれわれが、それを人口史料として利用しているのである。

「鎖国」とともに始まる宗門改め

日本でもっとも古い「宗門改帳」は、寛永十五(一六三八)年のものである。翌十六年にはいわゆる鎖国令(鎖国令は何回か出るが、これは第五次鎖国令)が出て、これによって日本人の海外渡航禁止、海外にいる日本人の帰国禁止、宣教師の全員追放、キリスト教厳禁という一連の「鎖国政策」が完成している。

その直前に島原・天草の乱があって、これに幕府はたいへん手こずった。反乱を起こしたのは正規の武士ではなく(大坂の陣で負けた浪人たちが加わったなどの説はあるが、けっして正規の軍隊ではない）、信者であったが、それにさんざん手こずった上に、最初の司令官が戦死してしまい、幕府は、同じキリスト教徒ではあるがプロテスタントのオランダに頼んで、反乱側を船から砲撃させているほどである。そうしたこともあって、こういう厳重なキリシタン禁制、あるいは「鎖国」という一連の法令が寛永十五、十六年あたりに出てくる。

その限りにおいて、寛永のこの時期というのは、和辻哲郎流にいえば「日本の悲劇」の始まりということになるが、最近の研究では、このことは必ずしも悲劇というふうにはとらえられていない。というのは、日本は完全に「鎖国」したわけではなく、長崎という窓口があり、オランダ東インド会社がそこにオランダ商館を設けて、オランダ人が住んでいた。そして、彼らは年に一回か二年に一回は江戸にやってきて将軍に謁見し、ヨーロッパの情勢を詳細に伝えている。それで江戸時代の上層部の日本人は、フランス革命があったことなど、ヨーロッパの情勢についても詳しく知っていた。

さらにオランダ以外でも、中国の船が長崎へやってきて貿易をやっている。中国の船といってもなかにはインドシナからの商船もあった。それから薩摩藩は琉球を通じて商品を外国へ輸出したり輸入したり、外国貿易をやっている。また、対馬藩も対馬・朝鮮ルートで貿易をやっている。公式に認められたものだけでもこれだけある。そうすると、どうも「鎖国」というイメージは強すぎるというか、訂正しなければならないのではないかというふうになってきている。

多少脱線するが、私は、鎖国令が出てキリスト教が禁止されたということの裏に、じつは日本の中華世界秩序からの自立という側面があったのではないかと考えている。日本は、海を隔ててはいるが、中国のすぐ傍にあり、いわゆる中国文化圏の一員だった。そして、その中国（中華世界）は、自分たち（漢民族）こそ世界の中心にいて、その周辺にいるのは全部未開人だとし、彼らに北狄《ほくてき》、東夷《とうい》、南蛮《なんばん》、西戎《せいじゅう》などの蔑称をつけて、彼らを文明開化するのが自分たちの役割だというふうに考えていた。したがって、彼らに貢ぎ物をもってやって来させ、そうして朝貢に来た者にはそれ以上の土産を与え、中国でつくった暦を渡して使わせるということによって、中華世界をつくっていたのである。

日本も、少なくとも室町時代まではよき中華世界秩序の一員だった。だから、足利将軍は明の皇帝からお前を日本国王にするといって任命されている。世界秩序の頂点に皇帝がいて、皇帝の下に国王がいるのであり、それを認めることはすなわち、自分が中国皇帝の下にいるということを認めることになるわけである。足利時代までは、潜在的であれ、そういう関係が続いていた。ただし日本は他の国と違って地続きではないから、中国と一歩距離を置いていたことは確かだったとしても。

そうすると、この鎖国令というのは、ヨーロッパあるいはキリスト教を拒否することを楯にしながら、じつは中華世界秩序から抜け出して独立することを意味したのではないだろうか。さらに一歩進めていえば、日本を中心におく世界秩序をつくったことを意味している。

だからこそ、十七世紀の末になると日本は、中国の暦ではなく、自分の国の暦は自分でつくるようになる。それが貞享暦《じょうきょうれき》であり、中国の暦とは一日の狂いができてしまう。日本や中国の暦はいわゆる陰陽暦で、月の満ち欠けを単位にしているが、太陽暦とはずれるから、閏月で調整をする。その閏月の入れかたが日本独自だったため、狂いが出てしまったのかもしれない。それで、中国暦を使っている朝鮮と、独自の暦を使っている日本が外交をするときには、文書に一日のずれが生じる。それが直接問題になったことはないけれども、朝鮮との外交史の研究者は気をつけている。

このように、いわゆる鎖国令をそういうふうに読み換えてみると、また違った面からこれを評価しなければならないということになるし、鎖国令とともに始まった宗門改めの制度も、そうやって自立した日本の、一つの基本方針として行われたというふうにいっていいのではないかと思う。

だからこそ、宗門改めの制度は徹底的に行われたし、明治維新になってもすぐにはなくならなかった。明治元（一八六八）年から四年までのごく短い期間ではあるが、「宗門改帳」はつくられ続けている。列国が信仰の自由に反するからやめるようにと明治政府に圧力をかけたことによって、明治四年にやっと宗門改めは終わったのである。よく、明治の戸籍は「宗門改帳」の続きであるというように書かれているし、筆者自身も昔そのように考えたこともあったが、これは完全に間違いである。藩によっては、戸籍帳とともに両者が同じ年に作成されているところもある。

「下からの歴史」の史料

ルイ・アンリによって開発された歴史人口学が、一人一人の人間、あるいは一組の夫婦、あるいはその家族の行動といったミクロの世界をずっと追うということを基礎にしたものである限り、そのような方法を適用できる「宗門改帳」という史料はひじょうに大きな威力を発揮する。

　これは、いままでの歴史が、どちらかというとマクロ的な日本全体とか、あるいは上からの歴史（命令や制度を中心に見てきたもの）を扱っていたのとはまったく逆方向の、名もない（ほんとうは名前はあるが）庶民の生涯に見られるいろいろな出来事とか、そこに反映されるいろいろな事件、人の生死という日常事（当事者にとっては日常とはいえないかもしれないが）を扱うもので、それらを分析して出てくる結果は、トップダウンの歴史（上からの歴史）ではけっして見えない、典型的なボトムアップ、下からの歴史ということになるからである。

それではトップダウンの人口に関するデータは日本にないのか、それを使わなくていいのかというと、私はそうは思わない。トップダウン方式による人口のデータというものも、日本にはちゃんとあるし、そのトップダウンの人口史料とボトムアップの観察結果とをつなげるところまでやらないと、ほんとうの歴史人口学は成り立たない。

というのは、百年とか二百年とか、長い期間にわたって続いている「宗門改帳」の例というのはそれほど多くはない。そういう事例だけでは、どうしても日本のなかのいくつかの「点」の観察になってしまうのであり、「宗門改帳」でいかに精緻な研究が行われようとも、それが一つの村である限り、「点」をボーリングする結果になる。隣の村では違うかもしれないし、その村の研究がその地域を代表するかどうかもわからないのである。

つまり、同じ地域にかなり多くの史料があって、ボーリングした結果が同じなら、その地域はこうだということはできるだろうが、それをいくつか少数の事例を集めて日本はこうだったというわけにはいかないのである。そういう点では、日本全体の人口を記録している史料（マクロの史料）の観察結果と、「宗門改帳」のような人や家族を単位とした史料（ミクロの史料）をどこかでドッキングさせる作業が必要となってくる。現にイギリスでは、ケンブリッジ・グループという研究グループが、イングランドの四百の「教区簿冊」を使ってこのような研究を行っている。

「宗門改帳」の史料的制約

このように、「宗門改帳」は日本に固有の、すぐれた史料なのだが、これを使った全国を対象とする研究はひじょうにやりにくい状況にある。それはなぜかというと、江戸時代、全国の領地はほぼ二百くらいの大名、旗本、それに寺社や京都の公家などの所領に分かれていたが、それぞれの地域で、「宗門改帳」だけでなく、いろいろな史料のつくり方について統一性がない上に、残り方もばらばらだからである。

はなはだしい例としては、「宗門改帳」がほんとうにつくられたのかという疑問さえ出てくるような地域がある。私がこの三十数年間「宗門改帳」を捜していて、いまだに出てこないという場所がいくつかある。主に東北地方の北のほうとか、四国、九州がそれである。

それから途中で「宗門改帳」の作成をやめてしまったのが長州藩である。これは明治維新に関係してくるのだが、長州藩は十八世紀の途中までは宗門改めをやった形跡があるが、そこでやめてしまい、それに代わって戸籍《とじゃく》と呼ぶ戸籍帳をつくっている。この長州藩の戸籍帳こそ、現在の戸籍の原型である。現在、日本には戸籍制度があり、日本人にはみな本籍があって、結婚するとか、パスポートをとるとか、何か法律的な行為をするときには戸籍抄本や戸籍謄本が必要になるし、犯罪歴なども全部書きこまれる。戸籍は日本人であるアイデンティティーなの

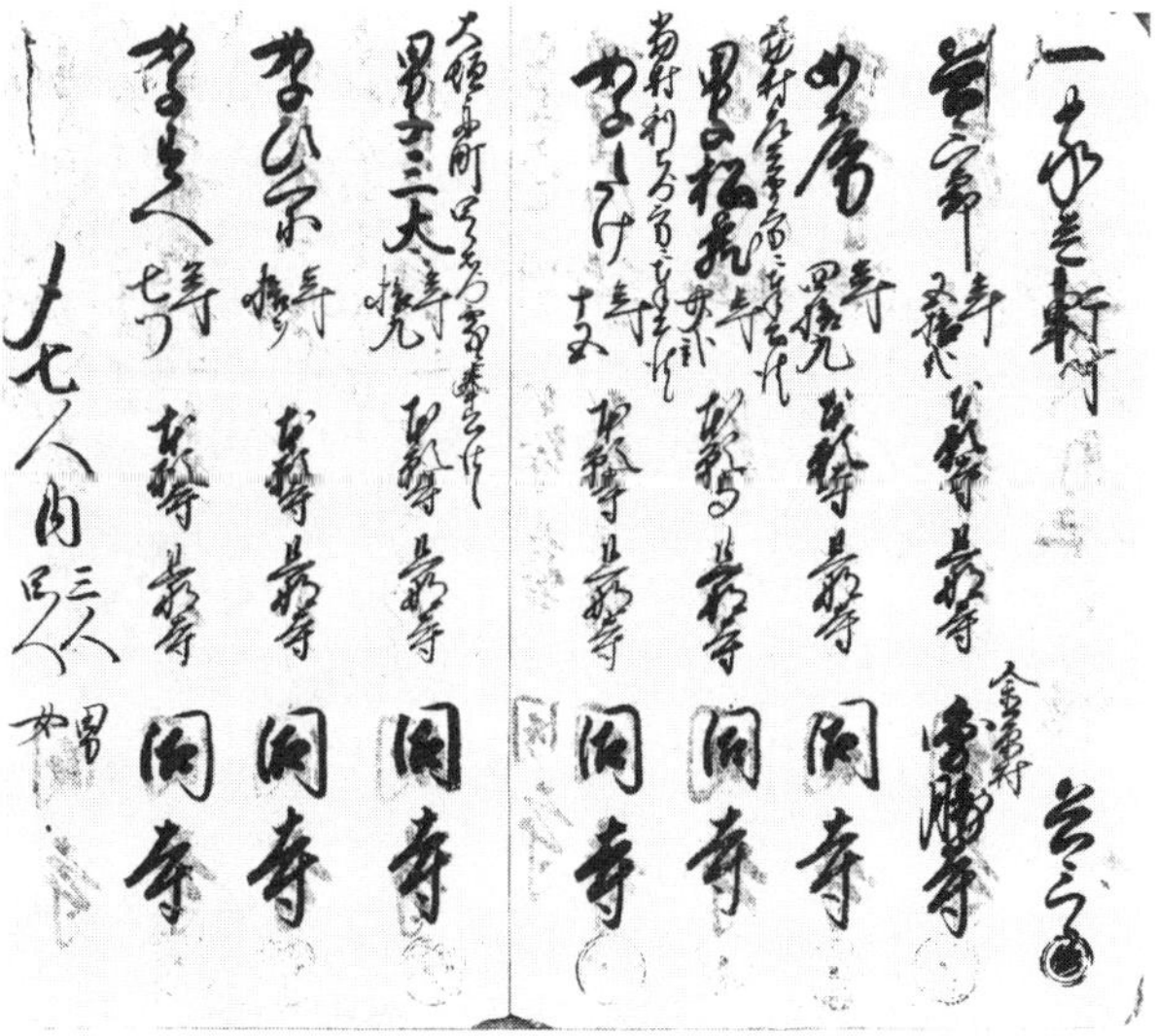

延宝７（1679）年の美濃国本巣郡神海村の「宗門改帳」
（慶應義塾大学古文書室所蔵）

であり、長州藩はいち早くその原型をつくった。「宗門改帳」は必ずしもアイデンティティーの資料ではないし、それを目標としたわけでもない。ただしこの長州藩の戸籍帳は、残り方が少ない上にいろいろな変化があって、使いにくい史料である。しかし、とにかく長州藩が十八世紀の後半から戸籍《とじゃく》の作成を始め、とくに十九世紀に入ってからは、いまにつながる「戸籍」をつくり始めた。そして明治維新が薩摩・長州の力でなしとげられたので、明治元年にまず京都で「戸籍」が作成され、ついで東京とその周辺、そして明治五年には全国を対象にした「壬《じん》申《しん》戸籍」が作成された。

ところで、「宗門改帳」に子供を記載しない例もたくさんある。たとえば、江戸時代のいちばん大きな大名は加賀の前田藩であり、百万石と称せられ、越中、加賀、能登、三か国の領主だった。この前田藩（金沢藩）の場合、十五歳にならないと「宗門改帳」に載せなかった。だから、前田藩の史料では乳幼児の死亡率など子供のことはわからない。

それから紀州藩や広島藩では八歳以下は「宗門改帳」に載せない。ほかにも五歳とか三歳とか、概していえば小さい子供を載せないところがいくつかある。これは死亡率が高かったので、安定するまでは載せなかったのだと考えられる。もちろん、そういうところの「宗門改帳」でも使えないことはないのだが、歴史人口学の史料としては限定されてしまう。

「宗門改帳」は、本来なら毎年作成されるはずのものだが、なかには一年おき、あるいは三年に一回、ひどい場合は六年に一回というところもあった。逆に、まれではあるが一年に二回のところもある。

　具体例の一つを挙げれば、紀州藩の場合は、御三家の一つでありながら徳川幕府のいうことを聞かず、自分なりの方法で「宗門改帳」をつくっている。まず八歳以下は前述したように載せず、さらに六年に一回、子《ね》の年と午《うま》の年にしか宗門改めを実施しないというように、二つの制約を組み合わせている。このように、「宗門改帳」作成にあまり熱心でなく、われわれの研究目的からいうとひじょうに使いづらく、制約のあるものしかない藩もある。

「宗門改帳」は必ずしも全国統一した書式・方式で作成されたわけではないが、その作成原理には大きく分けて二つのタイプがある。

　一つは私が「本籍地主義」と名付けたもので、いまの戸籍簿に近い。その家で生まれた者は、きちんと結婚の届けを出して他へ移るなど、合法的な手続きを経てその家から出ない限り、ずっとその史料に名前が残ってしまう。だから、この種類の「宗門改帳」を使うと年齢の高い者が多くなる。さすがに、百歳までいくと消えてしまうような例もあるほどである。だから、「本籍地主義」の史料というのは、人口学的な史料としてはやや質が落ちる。

　もう一つは私が「現住地主義」と名付けているもので、現在そこに住んでいる者を書き上げる。住んでいない者については、たとえばどこかの町や村へ奉公に行った、といったことが書いてある。また帰ってくれば、どこから帰ってきた、と書いてある。もちろん結婚すれば、結婚してどこへ行った、といった変動の内容が詳しく書いてある。このほうは、われわれ研究者にとってはありがたい情報である。

このように、「宗門改帳」には「本籍地主義」と「現住地主義」があって、必ずしも統一されていないが、どちらかというと、「本籍地主義」のほうがやや多いと思う。

このような点から見れば、ヨーロッパの「教区簿冊」のほうが形式が一定しているので、イングランドのように、四百いくつの事例を集めてきてイングランド全体を見る、つまりマクロ的に見ることができるのだが、日本の場合は、史料の性質上単純にはいかない。

以上で史料の紹介を終わり、次章からはいろいろな史料を使った研究の説明に入る。

第三章　遠眼鏡で見た近世——マクロ史料からのアプローチ

一　全国国別人口調査

総人口二千六百万人プラスアルファ

この章で取り扱う「マクロの人口史料」とは、市町村、都道府県、全国というような各人口集団の歴史人口統計を指す。したがって個々の名前は出てこない。

「宗門改帳」を使った研究の問題点については前述した通りである。しかし、日本にはイングランドにもフランスにもないマクロの人口史料がある。それは、享保六（一七二一）年に八代将軍吉宗が始めた全国の国別人口調査である。一七二一年から定期的に、全国を地方別に人口調査したという例はヨーロッパのどこにもない。二千八百万人といわれるフランス革命期のフランスの人口にしても、みな推計で行っているのであって、当時調査された記録によるものではない。しかし日本では、享保六年に、吉宗が全国の大名や代官に対して、「支配下の人口を男女別・国別に報告せよ。ただし調査の方法はいままでそれぞれの地域でやってきた方法にしたがってよい」という法令を出した。それが幕府に届けられ、幕府のもとで国別に計算されて、だいたい二千六百万人という数字が出ている。

享保六（一七二一）年の次が享保十一年（この年は午年だった）で、以後子年と午年に調査が行われた。これは、当初、享保五年の子年から調査を始めたかったのが、間に合わなかったからとされている。そして、弘化三（一八四六）年のものが、今日手にしうる最後の調査結果である。それ以降も、調査して幕府へ報告をしたという大名の記録はあるが、幕府のもとで全国集計されたかどうかはわからない。たぶん、幕末の多事多忙の折、人口調査どころではなくなったのだろう。なお、この調査の結果だが、あまり目立った変動はない。このことから江戸時代の人口停滞、はては経済停滞説が出てくることになる。

さて、藩別の調査だが、いままでそれぞれがやってきた方法でいいわけだから、調査は統一されたものではなく、ある藩では十五歳以下、別の藩では八歳以下はカウントしていないなどばらばらである。さらに武士がカウントされていないので、結果の二千六百万人という数字はかなり低い数値であると思われる。そこで学者は、これにどれくらい追加すればいいかということをいろいろ論議しているが、私はだいたい五百万人くらい追加すればいいだろうと考えている。つまり享保期の日本の人口は、三千万人ちょっとくらいではなかったろうかと思われる。

この調査は、それからあとは六年ごとに行われるので、それをずっと追っていけば、享保六（一七二一）年以降の日本の国別人口推移がわかることになるが、これがそう簡単にはいかない。一つは記録が全部残ってはいないためである。とくに、武蔵国や相模国というような国別の人口がわかっているのは、最初の享保六年と最後の弘化三（一八四六）年のあいだで、両年度を入れて十二回だけである。あとはわからない。しかし十二回でも、ないよりははるかにましである。

それから、絶対値としてはこの数字は低すぎると述べたが、同じ調査法をとっていれば相対値としては使ってかまわない。たとえば信濃の国なら信濃の国で、各藩が同じような調査をしていれば、五歳未満がなくても、三歳未満がなくても、グラフにすれば、人口はこういうかたちで推移しているということはいえる。そのような使い方をすることによって、この日本のマクロ史料は俄然活き活きとしてくる。

三度の大規模飢饉

全国国別人口調査が行われた享保六（一七二一）年から弘化三（一八四六）年のあいだに、日本には三回の人口危機、すなわち大きな飢饉、凶作、もしくは疫病の流行があった。

最初は享保の飢饉といわれるもので、享保十七、十八年にあたる。この飢饉の原因はウンカの大発生で、最近の研究によると、ウンカは風に乗って中国大陸から飛んでくるのだという。中国で発生したウンカが、特異な気象条件のもとで東シナ海を越えて九州へ舞い降り、その後にまた大発生して、日本各地（主に西日本）に拡がっていくという。

この飢饉のときはたしかに西日本が凶作にやられた。そのため、佐賀や広島などコメの値段の記録が残っているところの史料を見ると、その価格がはね上がっている。ところが東日本ではあまり上がっていない。だから凶作はだいたいは西日本で起こったということになり、当然その地域の人口も減ったものと思われる。餓死者が出たかどうかはわからないが、病人が出て、体の弱っている者は死ぬし、さらには出生率が低くなるというようなことも重なって、このとき西日本の人口は減った。

　この期間の第二の飢饉は、天明三～六（一七八三～八六）年にかけての天明の飢饉である。注目したいのは、その少し前の宝暦五、六（一七五五、五六）年も飢饉だったことである。宝暦の飢饉の被害から十分立ち直らないうちに、約三十年くらいたって天明の飢饉が起きている。この十八世紀後半というのは、世界各地が飢饉、凶作、寒波（小氷期と言う人もいる）に襲われている。

　この飢饉の原因は冷夏だった。夏にオホーツク海高気圧に居座られると、オホーツク海から吹いてくる冷たい空気が、東北地方の太平洋側、さらには関東地方とくに北関東の気温を下げ、霧が発生して日照時間を短くする。日本の主作物であるイネは、夏に何日か暑い日が続くことによって分蘗《ぶんけつ》（茎の枝分かれ）し、先に実をつける。江戸時代には一粒の種からだいたい五十から百くらいの粒ができた。しかし、冷夏のせいで分蘗しなければ、収穫は大幅に減ってしまう。それがこの天明年間には三年、五年、六年というように連続して冷夏が続いた。

おまけに天明三（一七八三）年には浅間山の噴火があった。これはたいへんな噴火で、おりからの北西からの風に乗って灰が関東地方に降り注ぎ、江戸にまで飛んできた。火山の灰は酸性だから、直接被った作物は当然枯れてしまうし、直接被らなくても、土壌にしみ込んだ灰はなかなか外れない。それで、これからあと関東地方の農業生産性は極端に落ちてしまった。このように、宝暦、天明という十八世紀後半の凶作は、主に北日本、ないしは東日本にダメージを与えたということになる。

先にも述べたように、世界的には、この時期、大きな寒波が襲っている。フランスでは川が結氷して水車が回らなくなった。水車が回らなくなると小麦を粉にできない、そうするとパンがつくれないということになる。そのため価格がはね上がって暴動が起きたという説もある。もちろん、フランス革命（一七八九年）が起こったのは天候が悪かったからだけではないだろうが、一つの原因とはなったかもしれない。それからロンドンのテームズ川も凍って、人々がスケートをしている絵が残っている。

最後が天保八、九（一八三七、八）年で、これは天保の飢饉といわれている。このときは、関東地方を除く各地（中央日本から東北にかけて）で起こった。しかし、その原因がいまひとつわかっていない。私は一つの仮説として、これは自然現象によって生じた飢饉ではなくて、何かの病気によるのではないかと考えている。病気の流行によって人が働けなくなってしまい、その結果飢饉が起こったという可能性である。これはあくまで可能性であり、そういう方向でミクロの史料を探らなければいけないのだが、まだ結論は出ていない。

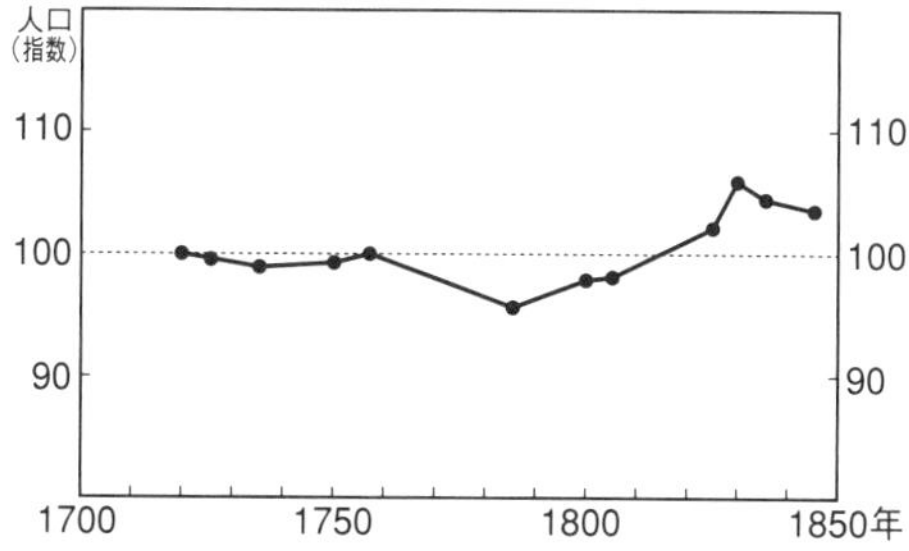

幕府の調査による全国の人口変動

危機と人口変動

享保六（一七二一）年から弘化三（一八四六）年のあいだで、そういう三回の危機（英語ではモタリティー・クライシス＝高死亡率期と呼んでいる）を挟む時期（危機年）だけの、全国人口の変動を国別に地図に落としてみると、その危機のときにどこで、いかに人口が減ったかということが全国的に明らかになる（七三ページ図中のB）。

それから、全体から危機年を引けば、平常年（少なくとも危機年以外の年）の変動がわかる（七三ページ図中のC）。これを見ると、ほとんどのところで人口は増えている。減ったのは唯一北関東（浅間山の麓）と近畿地方（京都や大坂周辺の国）くらいで、あとは減っていない。近代以前の社会というのは、必ずそのように、人口は継続的に増えるが、危機でどんどん落ちるという鋸《のこぎり》状の推移をする。それをグラフにすると綺麗なかたちで出てくる。

さて、何度も述べるように、調査の残る百二十五年間で全国人口にはそれほど大きな変動はない。二千六百万人プラスマイナス百万人くらいのところでずっと推移する。だから歴史家は人口にあまり興味を示さなかった。やはり何か変動がないと面白くないのである。私にとっては必ずしもそうではなくて、変動がないということも一つの発見であり、歴史的な事実であって面白い。しかし、変動はあまりないが、いま述べたような分けかたをしてやると、平常年と危機年とで日本の地図ががらりと変わる。

また、日本には六十六の「国」があったが、国ごとでは小さすぎるので、たとえば日本を十四の地域（東北地方の東側と西側、関東地方の南と北、北陸、東山、東海など）にまとめて、地域ごとの人口変動を見る。そうすると、百二十五年間にはっきり人口が増えているところ、減っているところ、増えもしないし減りもしないところ、というように大きな違いが出てくる。増えたのは、北陸および西日本の四国、山陽、山陰、九州といった地域である。減っているのは、東北地方、関東地方。とくにいちばん減ったのが関東地方の北部、いまでいえば群馬、栃木、茨城で、残りがあまり変化のなかったところである。

地域の対比で見た場合、いちばんいい例は美作《みまさか》を除く備前、備中、備後、安芸、周防《すおう》、長門の山陽六か国と、北関東の上野《こうずけ》、下野《しもつけ》、常陸の三か国である。この二地域の人口を比較すると、

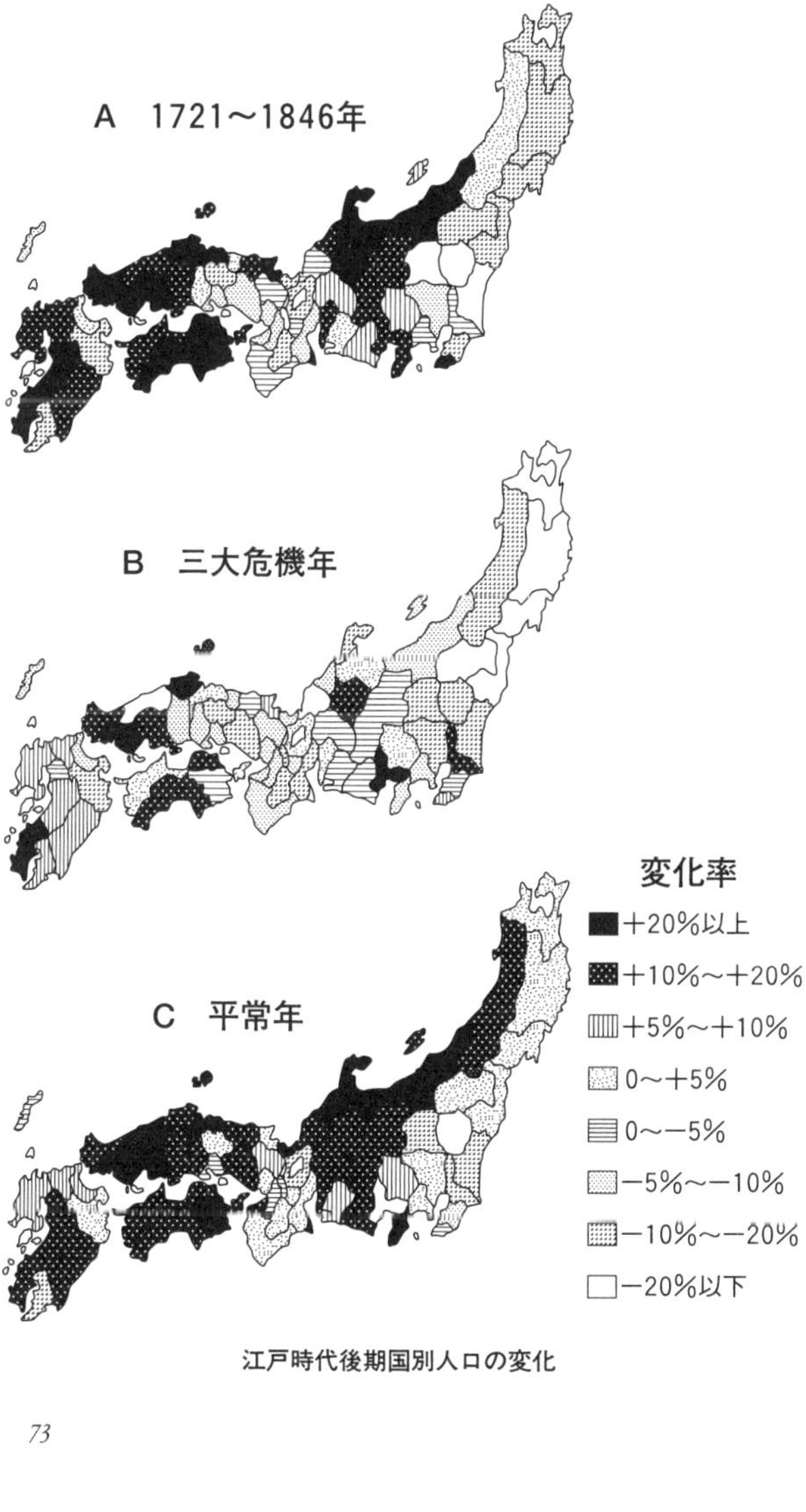

江戸時代後期国別人口の変化

最初の年（享保六＝一七二一年）には共にだいたい人口百八十万人で同じ。それが最後の年（弘化三＝一八四六年）には、北関東は五十万人減って百三十万人、山陽は五十万人増えて二百三十万人になり、百万人もの差ができている。しかし、両地域を足せば両年とも三百六十万人で変化なし。だから全国を足してしまうと変化はないけれども、こうやって平常年、危機年、あるいは地域別に整理してみると、ダイナミックな人口変動の本質が出てくる。大ざっぱにいえば、「西高東低」型の人口変動が見られた。このことから、江戸時代（後半）の日本の人口は停滞していたという俗説はとんでもない間違いだ、ということになる。

都市アリ地獄説

日本全体の傾向としては、ほとんど人口変動がなかったが、危機年だけをとると、例外なく全国人口は減っている。つまり、危機を免れた場所はまずないといっていい。しかし逆に平常年だけとると、二地域を除いて人口はだいたい増えている。その人口の増えなかった地域はどこかというと、関東地方と近畿地方である。

　これはひじょうに興味深い。なぜかというと、関東地方には江戸があり、近畿地方には京都、大坂があった。江戸の人口は百万といわれているし、京都と大坂もそれぞれ四、五十万だから、両方足すと百万近くになる。江戸時代の日本は、江戸という百万都市、京・大坂を足すと百万近い都市という、二つの人口密集地をもっていたわけだ。人口百万という都市は、現在でも相当な規模で、世界にそれほど多くはない。この二つの百万都市をもっているにもかかわらず、その地域を含む関東や近畿で人口が減っているのである。これは一見不思議なことで、そういう巨大な都市があれば、その周辺の地域では、都市に物資を供給する産業、すなわち手工業や市場向け農業生産が盛んになって、経済的に発展し、その結果人口も増えるだろうと常識的には考えてしまう。ところが、そういうところで平常年の人口が減っているのである。これには説明が必要となる。

そこで私は、自分の造語であるが「都市アリ地獄説」を提起した。つまり都市というのはアリ地獄のようなもので、引きつけておいては高い死亡率で人を（やって来た人だけではないが）殺してしまう。だから地域全体としては人口は増えなくなる。江戸っ子は三代もたないという俗説があるが、これは、江戸は住んでいる人にとっては健康なところでなく、農村から健康な血を入れないと人口の維持ができないということを意味している。

私が「都市アリ地獄説」を提起したころ、ヨーロッパでも同じ現象に目をつけて、「都市墓場説」ということがいわれるようになった。つまり、各種インフラストラクチャー、公衆衛生、医学、病院などに近代科学技術が適用され、死亡率が低くなる以前は、都市のほうが農村より死亡率が高かったし、出生率は低かったので、人口を都市以外から吸い込む必要があった。そこで、経済的な発展があって都市に住む人口比率が高くなるとその地域全体の人口は減るという現象が見られた。だから、その地域の人口を維持するためには、外から大量に人口を流入させないといけないことになる。私のいう「都市アリ地獄説」とヨーロッパの「都市墓場説」は結局同じことであるが、この二説はほとんど同時に発見された。

こういったことが、マクロの人口統計地図をつくると出てくる。そうなると、こんどはその地域のミクロの史料で、いったい都市へどれくらい人口が流れ出しているのかを見なければいけないことになる。

二 江戸初期の人口

一人一石説

江戸時代初期の日本の人口はどれくらいだったのか、大正年間に、『大日本地名辞書』で有名な吉田東伍が一つの説を発表している。彼は公開講演の席で、江戸時代初期の人口はだいたい千八百万人であったと述べたが、その千八百万人説の論拠は、太閤検地の全国合計石高千八百何十万石という結果を人口に結びつけたものである。

吉田によれば、江戸時代中後期の検地の結果は全国でだいたい三千万石である。そして、その時期の日本の人口が、幕府の全国人口調査によればだいたい二千五百万から二千七百万人くらい。幕府の調査は一般庶民だけを対象にしているから、それに武士や調査対象にならなかった者を含めると、だいたい三千万人くらいである。そうすると、そこに一人一石という関係が成り立つとする。

検地の千八百万石というのは、けっしてコメが千八百万石取れたという意味ではない。筆者自身は、それはコメの食糧生産量ではなく、耕地を石の単位で評価した評価額であると考えている。しかし吉田東伍は検地結果の一石に対して人口一人という関係が成り立つというのである。吉田は、中後期に三千万石で三千万人という一対一対応が実証できるのだから、初期の千八百万石という数字によって、当時の人口は千八百万人だろうと考えた。

他に直接史料はないので、それからあと半世紀間も、日本の歴史家はこの千八百万人説を疑うことなく信じてきた。私から見ればそのことのほうが重大で、吉田東伍が百年近くも以前にたいした根拠なくそう言うのはかまわないけれども、彼の説をそのまま信じて、歴史家が何十年間もずっと使ってきたことのほうが問題なのである。

古代の日本の人口については、やはり戦前の人だが、数学者の沢田吾一が奈良朝時代の戸籍（断片しか残っていないが）を使って、当時の人口は五百六十万人という推定をしている（『奈良朝時代民政経済の数的研究』）。この推定は現在の研究から見てもそれほど遠く離れてはいない。というのは、ごく最近、常陸国の国府があった茨城県石岡市での発掘で、漆に浸した紙の文書が発見された（鹿の子C遺跡）。漆に浸した紙というのはひじょうに丈夫で、地面のなかに埋もれていても条件さえよければあまりいたまない。それを解読した結果、ちょうど奈良から京都へ都が遷《うつ》るころの常陸国全体の人口が約二十万人と書かれていた。沢田吾一説でもだいたい二十万人になるから、差はあまりないので、沢田吾一の五百六十万人というのは、それほど事実とかけ離れてはいないのではないかと思われる。

その沢田吾一の奈良朝末期の五百六十万人から、仮に千八百万人にグラフの線を引くと、九百年間にだいたい三倍になる。九百年間に三倍というのはあり得ないわけではないが、そのまま信じてしまっていいかどうか、これは疑問だなと思った。

吉田東伍説への反証

それで吉田東伍の説を裏付けるなり、あるいは反証するなり、何か方法はないかと思って史料探しをしたところ、九州の小倉藩主であった（後には熊本に移る）細川氏が、江戸時代のごく初期に自分の領内の人口調査をやった結果が『大日本近世史料』という史料集のなかに「小倉藩人畜改帳」と、細川氏が小倉から熊本へ移されてからの「肥後藩人畜改帳」というかたちで収められていた。これらの史料には領内の村々の石高——検地の結果策定された土地の評価額——と人口が載っている。だからその当時の史料で、個々の村について人口と石高の比率を求めることができる。もちろん日本全国の史料ではなく、九州の百か二百の村の史料にすぎないが、とにかくそれで比率を出してみた。

その結果は、吉田東伍の一対一という対応とはだいぶ違っていた。石高一石に対して人口は〇・五人くらいである。この〇・五を千八百万石にかけると九百万人という結果になるが、これでは従来の千八百万人とあまりに違いすぎる。私はもう少し念を入れて、たとえば同じ小倉藩でも地域による違い、平坦なところや山間部などいろいろあるから、分けて計算をしてみた。さらに、石高に関係のない都市や武士の人口も考慮に入れると、石高対人口比は、だいたい一石に対して〇・六ないし〇・七人くらいということになった。千八百万石に〇・六をかけると千八十万人、〇・七をかけると千二百六十万人くらいになる。さらには検地漏れの土地を考えねばならず、こうして私は、けっしてぴたりとした数字は出ないが、千二百万人プラスマイナス二百万人くらいが江戸初期の人口ではないだろうかと推計したのである。

このように推計をすると、逆算して十七世紀中（元禄期より前）に、日本にたいへんな人口増大があったことになる。というのは、享保期に日本の人口が三千万人くらいになっているのは確かである。初期が千八百万人だと増えかたは一・七倍にしかならないが、千二百万から三千万というと二・五倍くらいになる。なお、次章で述べる長野県諏訪地方の史料を使った研究でも、だいたい二・五倍という数字が出てきていて、日本全国のデータは揃っていないけれども、少なくとも諏訪のデータから私の推計は裏付けられたと思っている。

　また、この増大を証明する史料として、将軍吉宗が享保十七（一七三二）年に全国の国別人口調査ばかりでなく、全国九つの大藩に、判明する限り過去にさかのぼって報告を求めた結果がある。それによれば、一つの藩を除いて、十七世紀末以来人口は増大している。十七世紀中はたいへんな人口増大があったに違いない。

第四章　虫眼鏡で見た近世——ミクロ史料からのアプローチ

一　諏訪地方の場合

火中から救われた「宗門改帳」

ここで「ミクロの史料」というのは、個人個人の名前を記した人口の統計原簿で、「戸籍簿」とか「教区簿冊」、日本では「宗門改帳」がそれに含まれる。

ひじょうに珍しいことに、諏訪地方の「宗門改帳」は村から領主に提出したものが明治維新のときまでずっと残っていた。普通われわれが利用する「宗門改帳」は、村に残されている「村控」と呼ばれるもので、村の庄屋が、そこにいろいろな変化を書き加えて翌年に新しいものを二部つくり、そのうち一部は領主に提出し、一部は自分のところに控えとしてとっておく。さらに、その控えに変化を書き加えてまた翌年に備える、というように作成していく。

領主のもとに集まってくる「宗門改帳」は膨大な量になる。村が千あれば一年に千冊は来るわけだ。しかし、一般的に、領主側が提出された「宗門改帳」を実際に使ったという形跡はない。一枚一枚めくってキリシタンがいるかいないか確認することはやらなかっただろうし、この者はキリシタンであると書いてある「宗門改帳」などあり得ない。せいぜい「転びキリシタン」、つまり先祖がキリスト教徒であるという記述にとどまっている。だから、いまでいえば三年保存で捨てるとか、五年保存で捨てるとかいうように、とっておかないでどんどん処分してしまった。なかには古紙として処分したという記録もある。古紙として処分されたものを村の人が買って、自分たちの先祖はどうなっているか調べたという例すら残っている。しかし、諏訪藩の場合は明治維新期まで「宗門改帳」を藩の蔵に保管しておいた。

ところが、明治維新になって外国人が日本に住み始めると、キリスト教禁止のための調査が行われているのはおかしい、やめろという一種の外圧があって、明治四（一八七一）年には宗門改め自体が廃止されてしまう。それによって、その年を最後に、「宗門改帳」はほんとうにいらなくなってしまった。

そこで諏訪藩は、この藩特有の細長い形状をした「宗門改帳」（領地百五十か村×二百年分だから、単純に計算して三万冊になる）を蔵から出してきて裁断し、（この先は想像だが）諏訪湖の浜に山のように積み上げ、火をつけて燃やした。ところが、紙は山のように積んで燃やそうとすると、油でもかければべつだが、案外燃えない。なぜ燃えないかというと、表面が燃えて灰になると中のほうに酸素の供給ができなくなる上に、重みで下のほうが詰まってしまい、中のほうまで燃えていかないのである。

この「宗門改帳」は捨てられたものだから、持ち主はいない。そこでこれを救い出した人がいた。そのときの情景がどうだったかはわからないが、たぶん大八車か何かに積んで自分の村へもって帰ったのだろう。その後、親子何代にもわたり、八十年間かかって裁断されているものを復元した。これは驚くべきことであるが、何のためにその作業をしたかというと、やはり自分たちのルーツ捜しであった。戦後その復元された「宗門改帳」は文部省の史料館の所蔵となり、史料館ではいまだにこの「宗門改帳」の復元作業の続きをやっていて、諏訪藩の「宗門改帳」は現在約三千冊となっている。

私が研究の初めのころマイクロフィルムに撮ったのは、諏訪藩にあった百数十か村にまたがる約千数百冊の「宗門改帳」で、なかには一村で三十冊、四十冊あるところもあったが、平均すると一村十冊くらいになる。諏訪藩は宗門改めを寛文十一（一六七一）年から明治四年まで二百一年間やったが、残念ながら長期間継続して残っている「宗門改帳」はない。ただ、そのなかで横内村という村のものは、二百一年間のうち七二％にあたる百四十四年分が復元されていた。

家族形態の変化と人口変動

諏訪藩の史料からは、出生や死亡を含めて諏訪藩全体の人口の趨勢を知ることができる。そのやりかたは、二百年間を十年間ごとに刻んで、最初の十年と次の十年、それぞれの十年間に継続している村の「宗門改帳」を選び出す。これがたとえば三十あるとすると、その三十の村を選んできて、宗門帳に載っている人口を合計してつなげる。もちろんあるものは増え、あるものは減り、あるものはそれほど動きがない。また次の十年とその次の十年をとってきて、それぞれに残っているものを選んでつなげる。このようにして二百年間をリンクしていった。

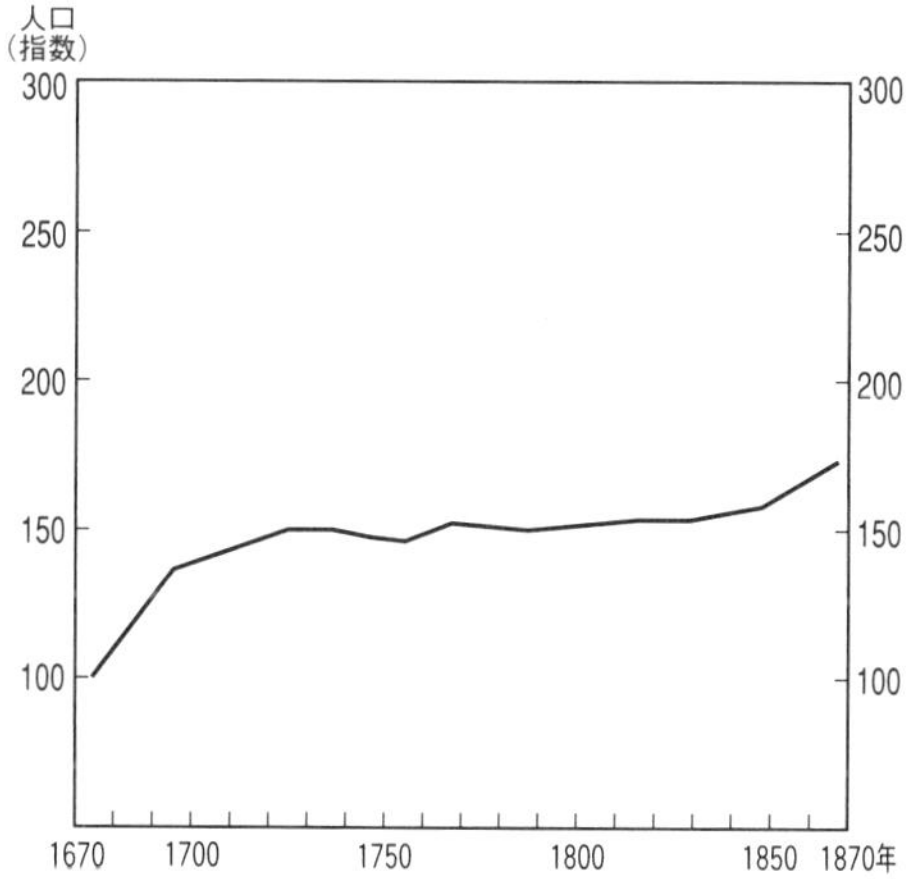

諏訪地方の人口変動

その結果、上図のように面白い結果を得た。十七世紀中はひじょうな勢いで人口が増大し、享保五（一七二〇）年ころから停滞して、最後の明治維新近くになってまた増大を始めるという線が引けた。すなわち、十七世紀に一種の人口爆発ともいうべき急上昇があり、それが享保五年ころ（村によって違うが、元禄十三＝一七〇〇年から寛延三＝一七五〇年くらいにかけて）に頭打ちになって横ばいに転じ、文政三〜天保元（一八二〇〜三〇）年ころから再増大して明治に至る、という線が引けた。そうすると、これをどう解釈するかということが問題になる。

もちろん諏訪地方でも人口の出入りがなかっ

たわけではない。とくに諏訪から江戸へ出稼ぎに行く人たちが何人もいる。先ほどの横内村からも江戸へ出稼ぎに出たが、出稼ぎ先がだいたい決まっていて、大部分は日本橋にある海苔店へ行った。「山本山」という海苔店があるが、そういったところである。出稼ぎ者の大部分はそこで奉公して帰ってくるが、なかには手代になり、番頭になり、暖簾《のれん》分けしてもらって江戸で海苔の小売店を始めた者もいた。面白いことに、東京で海苔店を捜すと「五味」という姓をもつ家がかなり多い。これは横内村の人に五味姓が多いというところからきている。

そのように江戸へ出稼ぎに行く例がないわけではないが、やはり圧倒的に多いのは、この村の中、あるいは諏訪地域内での出生と死亡の差である。だから十七世紀の人口増大というのは、圧倒的に出生率が高くて死亡率を上回っていたのであり、十八世紀の停滞というのは、出生率と死亡率がほぼ均衡していて、十九世紀の再増大というのは、ふたたび出生率が増大し始めたのだといっていいだろう。

では、いったいなぜ十七世紀にそういう人口増大が起こったのだろうか。これは「宗門改帳」を通じてだんだん明らかになってきたことであるが、人口増大の裏側にひじょうに面白い現象があった。すなわち、この時期に世帯の規模・構造が大きく変化したのである。最初のころは、一つの世帯に十五人とか二十人いる大規模な世帯があった。もちろんそういう大きな世帯ばかりがあったのではなく、小さい世帯もあったのだが、そういう大きな世帯がだんだんな

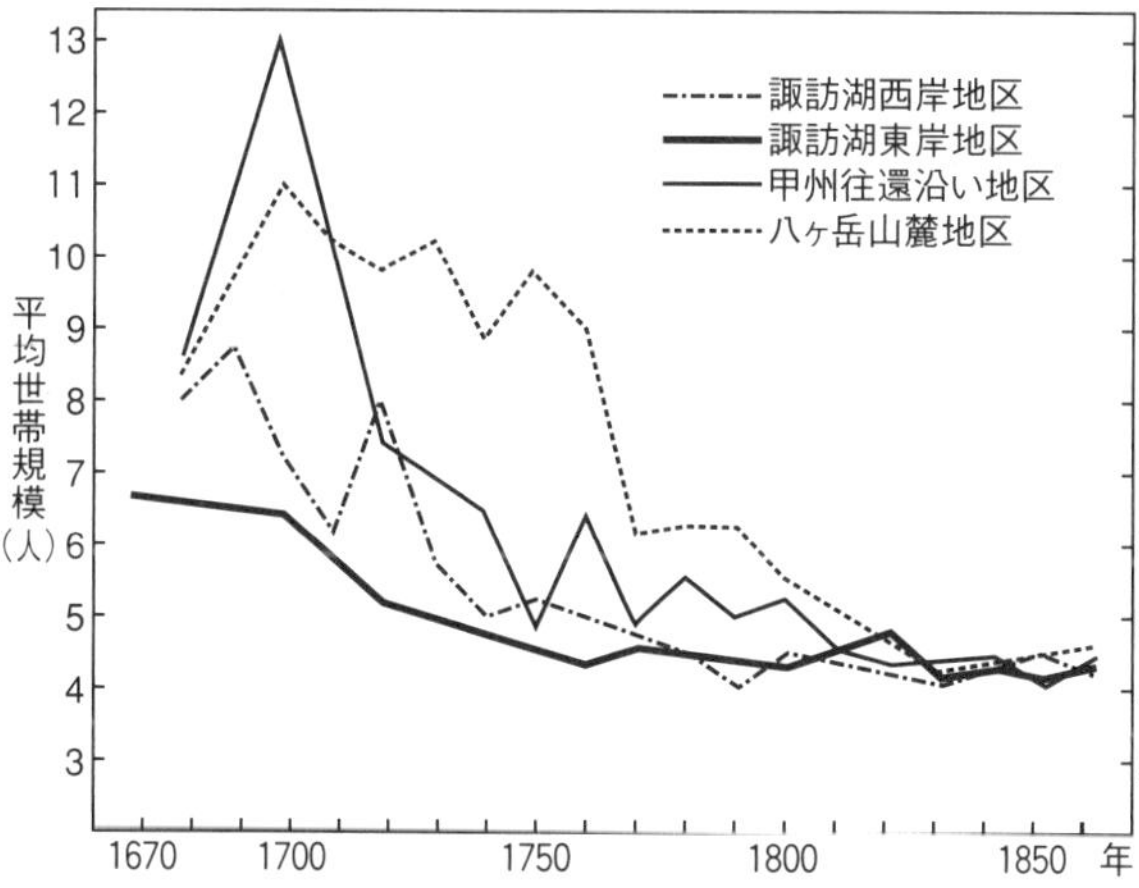

諏訪地方の地区別平均世帯規模の推移

くなっていった。

　大規模な世帯というのはどういうものかというと、親夫婦、子夫婦、兄弟夫婦、あるいは叔父、甥、姪、従兄弟や、彼ら親戚夫婦などがいっしょに住んでいる世帯である。家族社会学の用語では、そういうタイプの世帯を「合同家族世帯」と呼ぶが、それがかなりあったのが、ばらばらに分解していくのである。極端な場合は一夫婦と子供、用語としては「核家族世帯」にまで進むが、普通はそれに祖父と祖母、あるいはそのどちらかが加わった三世代の家族、用語としては「直系家族世帯」になっていった。すなわち、この時期に合同家族が直系家族ないしは核家族へと分解していった。

　もちろん直系家族、核家族も同時に存在し

ていたが、享保五（一七二〇）年くらいまで存在した合同家族が、寛政十二（一八〇〇）年、嘉永三（一八五〇）年と時代が下るとほとんどいなくなってしまった。だから、世帯規模の分布をとっていくと、いちばん多いときには三十人世帯などというものもあって、分布が幅広く拡がっていたのが、だんだん縮小しながら、四人世帯、五人世帯、六人世帯というところに集中してくる。すなわち、合同家族世帯から直系家族ないしは核家族世帯へという構造の変化を伴いながら、規模が縮小していくということがわかってきた。そのことがいちばんよくわかるのが横内村のデータであった。

こうして大規模な家族が小規模な家族になるに伴い結婚率が上がり、みなが結婚するようになって（大規模な家族だと結婚しない者もたくさんいた）出生率が上がることにより、「人口爆発」が起こった。

経営形態の変化と人口変動

「人口爆発」が起こったとき、それに耕地の増加が十分に伴ったのだろうか。同じ諏訪を私は四つの地域に分けてみたのだが、新田開発がどんどん進むところというのは、八ヶ岳の山麓地帯だった。いままではほとんど原野だったようなところは、開墾によって人口扶養力が高まり、人口増加率がいちばん高くなって幕末近くまで増加する。一方、十七世紀中は増大するが十八世紀に入るやいなや停滞するようなところは、すでに開発の限界にまで来ていたのだろう。肥料をたくさん使うとか、深く耕すとかの工夫で増産をはかる余地はあったかもしれないが、耕地面積を増やすということはもう限界まで来ていたに違いない。

人口増大は、グラフにしてみると、ある日からとつぜん増大するわけではなく、最初はゆるく、中途で急になり、まただんだんゆるくなっていく。このような変動の描く線を「ロジスティック・カーブ」と呼んでいる。寛文十（一六七〇）年のころはこのカーブの中間あたりで、増加の勢いがいちばん盛んだった。逆算すると、ちょうど慶長五（一六〇〇）年から元和六（一六二〇）年のころから徐々に変化が始まったことになる。

では、そのころ何があったのかというと、とりもなおさず江戸時代が始まったのである。それが何を意味するかといえば、江戸時代以前というのは戦国時代で、兵農分離がなく、武士は農村に住んで、いざというときに一族郎党を引き連れて戦争に行った。しかし、江戸時代というのはそうではなくて、兵農分離が実施され、都市＝城下町ができる。城下町というのは、その内部ではものをつくらないから、農村から城下町向けの生産が起こる。いわゆる需要創出であり、もう少しいえば、いまから四百年前に、有効需要の創出によって景気を回復させるというケインズ理論が日本で実行されたともいえる。

都市で需要がつくられ、それに対応して農村がその都市に住む人のために市場向けの生産を始める。伝統的な農業というのは、そういう市場向けの生産はいっさい考えず、自給（自分で食うため）と年貢のために生産をしていた。自給と年貢は強制であり、働かなかったら飢え死にするか罰せられる。しかし、こんどの市場向け生産というのは、働けばカネになって戻ってくるわけで、そこで一挙に状況が変わった。

そうすると、どうすれば能率がいい生産ができるか、あの方法よりこの方法のほうが能率がいいという競争が起こり、結局、日本では農業生産形態のなかで小規模の家族経営がいちばんいいということになった。それはなぜかというと地形の問題がある。水田は水平でなければいけない。水平でなかったら水が流れ出してしまい、農業にならないから、真っ平らにしなければいけないのである。そうすると、広い面積を真っ平らにするのは難しいので、どうしても一つの単位が狭くなり、狭い面積のところを耕作するようになる。ヨーロッパやアメリカに行くと、畑というのは勾配があろうがなかろうが、ずっと長く畝が続いている。しかし水田耕作というのはそうはいかない。だから単位は小さい。

しかも、労働力が家族であるならば、朝から晩まで働く。働いて得たカネが家族に返ってくるからである。そういう条件の下では人間は一生懸命働く。大経営のなかには、家族ではない、中世以来の隷属的な地位にある下人とか譜代と呼ばれる人たちがいたが、彼らは結婚せず生涯独身である。主人の末っ子とか三男坊もそうだったが、彼らは結局強制で働いていた。農業は広い場所で作業が行われるから、遠くから見てサボっているのか働いているのかわからない。だからこそ社会主義では農業は失敗してしまう。農業は計画生産がいちばん難しいということなのだ。農業は自然依存度が高く、広い場所で生産が行われる上、人間はなるべく働くまいとする傾向があるから、極端にいえば一人の労働者に一人の監督がついて、サボった者は笞打たなければ働かない。しかし、労働が家族ということになると状況は変わるのである。

変化の伝播速度

そういうわけで、効率の低い伝統型の農業がだんだん変わっていった。では、だんだん変わるといっても、どれくらいの早さで変わったのか、次のようにして計ってみた。諏訪では村あたりの世帯規模が四・五人という数字になると、もうそれ以下にはならない。というのは平均世帯規模四・五というのは安定した数字なのである。だから世帯規模が四・五人になるというのは、その村の農業生産がだいたい小規模になり、家族単位になった証拠と考えることができる。

　それを地図の上で追跡してみると、最初は高いものが、だんだんと減ってくる。一つの村が四・五になり、やがて隣の村が四・五になる。この距離と年数を計ってみると、だいたい一年について二百メートルくらいの拡散の速度になる。五年で一キロのスピードだ。諏訪郡全体は、城下町中心にだいたい半径二十五キロくらいである。そうすると、諏訪郡全体が平均世帯規模四・五になるのには百二十五年くらいかかっていることになる。これは、一日に五十〜六十センチくらいずつのスピードで変化が拡がった計算になる。このように、隣の村でうまくいってるからといって、冒険をしてまで自分の経営をすぐに変えるのではなく、ゆっくりと変化していって、次の世代くらいになって変化が伝播したのであろう。

こういう変化というのは外国にもあって、たとえば、産業革命期にイギリスで蒸気機関がどれくらいのスピードで拡散したか、みんなが使うようになったかというと、一年に一マイル（約一・六キロ）の由である。つまり、あるところで蒸気機関が使われると、次のところへ行くのに一年に一マイルだから、五マイルあったら五年かかることになる。そのくらいのスピードだから、情報化社会でない社会で、社会的・経済的変化というものがいかに遅いかということになる。

それでも、それまでは何千年というあいだ変化がなかったのだとすれば、百年くらいのうちにがらりと変わって、日本全体が家族経営になってしまうわけだから、江戸時代はひじょうに大きな変化が起こったのだといっていい。

歴史人口学研究の進展

一九六八年に、国際経済史協会の第四回大会がアメリカのインディアナ大学で開かれ、その大会で人口と経済に関するセッションを設けるから報告をしたらどうかという誘いがあった。ちょうど諏訪の研究をやっていたので、その報告をしたのだが、最初の国際会議だったのでアガりにアガって報告したことを覚えている。手は震えるし、原稿から目をそらすこともできないほどであった。報告と質問が終わったところで一人の人物がやって来た。それがフランスの有名な歴史家で、学術誌『アナール』の編集長、ル・ロワ・ラデュリだった。そして、報告が面白かったので自分の雑誌に載せないかと誘われた。『アナール』というのはヨーロッパ最高の知的学術総合雑誌で、それに論文が載るということは欧米で一人前の研究者として認められたということになる。だからひじょうにうれしく、有頂天になった。

この国際経済史協会の大会は、現在は四年に一回ずつ開かれており、最近では一九九八年に開かれた。私は後にそこの理事になり、九四年から九八年までは副会長を務めた。

六八年に話を戻すと、会議が終わってからニューヨークへ向かい、ケンブリッジ・グループの総帥であるピーター・ラスレットと会った。彼はスタンフォードにある「行動科学研究所」からイギリスへの帰途だった。そこでラスレットから、六九年に開かれるケンブリッジ・グループ創立五周年の学会に招待を受けた。

六九年の日本は大学紛争のまっ最中だった。慶應も例外でなく、他大学の学生まで入り込んで研究室占拠の事態にまで発展した。私は研究資料や資材一切合切を研究室に置いていたので、大事なコピー機やカメラが盗まれてしまうなどの被害を受けたが、占拠中の学生が外へ出てきて内ゲバを始めた隙に研究室に入り、なんとかケンブリッジにもっていく資料を持ち出してイギリスへ向かった。この学会は世界中から歴史人口学や家族史をやっている研究者を呼んで開かれたたいへんな学会で、そこで世界中の人を知ったし、いまだに交流が続いている。そこで私は、諏訪地方の十七世紀に起こった家族のサイズと家族形態の変化を中心にペーパーを読み、それは後に本になっている。

それからあと、私は機会をとらえては、英語、フランス語、なかにはポルトガル語で書いた論文を、いくつかの外国の雑誌や日本の雑誌に発表した。いままでにだいたい三十本ほど出しており、つい先日は、一冊英語の本も出した。これからの学問はこちらから世界へ発信する時代である。けっして受ける一方ではいけない。

この間、昭和四十六（一九七一）年には数量経済史研究会（ＱＥＨ）が発足した。この研究会は、新しく統計数字をきちんと使って日本の経済史を見直すという人たちが集まった会で、なかには経済発展論をやる人や経済史をやる人がいて、私はだいたい人口を受け持ち、ある人たちは物価を受け持つというように、毎年一回研究会を開いた。その結果は『数量経済史論集』（日本経済新聞社）というかたちで何冊か出版されている。そこでは伝統的な日本の経済史とは違う新しい手法をお互いに理解し合い、盛んな議論が行われた。日本の経済史研究の流れのなかにもそういう変化が生まれてきたのである。

岩波書店から『日本経済史』というシリーズが八冊出ている（一九八八〜九〇）のも、このＱＥＨの成果である。このシリーズはすでに中国語に訳され、近く英語版も出る予定で、世界中の人たちが読むところまで来たことになる。

私自身は、だんだん自分のやっていることが経済学から離れていき、良くも悪しくも歴史人口学専門ということになってしまった。一九八〇年代には国際的な歴史人口学委員会が二つでき、今でもその一つの副委員長を務め、だいたい毎年出席して報告、討論をし、司会者となってきている。なるべくアジアからもたくさんの人に参加してもらおうと思い、中国、台湾、韓国といった国々の人々を誘っている。

さて、七三年には信州諏訪の研究をまとめ、『近世農村の歴史人口学的研究』（東洋経済新報社）を出版した。日本で「歴史人口学」という名前のついた本はこれが初めてであるが、ちょうど大学紛争の後遺症もあって学術書の出版が少なかったということもあり、慶應義塾からは福澤賞というたいへん名誉のある賞を頂戴し、それから日本経済新聞社からは日本経済図書文化賞の特賞までいただいた。やや報われたかなという感じをもったけれども、もちろん国際レベルでこれがそのまま通用するかどうかは別問題である。

　この本は、諏訪郡の百何十かの村のデータを使った部分と、そのなかの一か村の横内村のデータを使った部分の二部に分かれていて、横内村のほうでひじょうに詳しく、諏訪郡のほうでは全体の動向を見ている。この本の出版によって歴史人口学の存在を知った人も多かったことと思う。従来の経済史、社会史、歴史の研究とはまったく違うものであるだけに、良くも悪しくもショックを与えたようである。ＮＨＫテレビでも、同僚の西川俊作教授と行った市民大学講座が二回にわたり放映され、その番組を中心とした内容のＮＨＫブックスを、長い年月を要したが、ともかく出版した（『江戸の農民生活史』日本放送出版協会、一九八八）。

二　濃尾地方の場合

先進地帯の史料

　諏訪地方の研究のあと、次にどこをやるかということで選んだのが濃尾地方であった。べつに濃尾地方でなければならない特別な理由はなかったが、たまたま『岐阜県史』の編纂が行われていて、徳川林政史研究所の方がその編纂に協力されていた縁で県史編纂室を紹介されたことから始まったのである。徳川林政史研究所は、東京・目白にあり、尾張徳川家の子孫の方がつくられた民間の研究機関で、尾張徳川家が木曽に大きな山林をもっていた関係で設立されたものである。私はそこの史料（紀伊国牟《む》婁《ろ》郡検地帳）を使って学位論文を書いていたこともあり、研究所にはしょっちゅう出入りをしていた。研究所の故所三男博士や皆さんにはひじょうにお世話になった。

濃尾地方を選んだもう一つの理由は、濃尾地方が江戸時代、経済的先進地帯の一つだったからである。従来の江戸時代の社会経済史研究は、どちらかというと山間僻地というか後進地帯の史料を使う研究が多かった。それはなぜかというと、経済的な先進地帯は社会変動が激しくて、史料を残しているような家が没落したり、庄屋が交替したりする例が多いのに対し、社会変動があまりない地帯では、何百年間も続く旧家があって、そこがずっと庄屋を続けていて史料が残る例が多いからである。したがって、必然的にそういう山間僻地とか後進地帯の史料を使った研究が多くなるので、そのため江戸時代の経済というのは停滞しているとか、発展がなかったというような考え方も出てくるのではないかと思う。

ところで、江戸時代は行政組織がうまくできていて、そのいちばん末端である村の庄屋（村は現在の大字《おおあざ》くらいを考えればいい）、あるいは名主の家が同時に役所であった。庄屋の史料というのは公的なもので、公的な機関に収められなければならないはずだが、必ずしもそうでなくて、私たちが調査に行くと、公的な史料（われわれが使う「宗門改帳」や年貢、訴訟関係の史料）や、その家の私的な史料、たとえば金銭出入帳などがごちゃごちゃになって混在していることが多い。

濃尾地方は経済的には進んだ地帯である。江戸と京、大坂の中間にあるし、濃尾地方自身、江戸、京、大坂についで大きな都市の名古屋を擁していて、織物産業、あるいは紡績、窯業（陶器）、醸造業といった産業が発達していた。そういうところで、いったい人口というのはどういう動きをしたのだろうか。

先に述べた諏訪地方は、諏訪盆地という山に囲まれた一つの地域であって、後進地帯とはいえないかもしれないが、あまり人の出入りは多くない。江戸の海苔屋に奉公に行く人はいたが、大量に出稼ぎがあったり、外から入ってきたりということはなかった。幕末になってようやく諏訪湖の近くに生糸産業ができて、生糸生産地帯の一つになるが、それ以前にはとくに目立った産物があったわけではなく、後進地帯と言い切ることはできないにしても、少なくも先進地帯ではなかったのである。

だから、こんどは経済的な先進地帯をやりたいと思っていたところへ、徳川林政史研究所からの紹介があって、濃尾地方を研究できることになったのである。濃尾地方と諏訪とはそんなに距離は離れていないが、とにかく周囲の環境というのはかなり違っている。

史料収集の開始

まず史料収集から始めなければならないが、諏訪地方の場合は比較的らくで、文部省史料館に集まっている史料を撮影すればよかった。文部省史料館はもちろん東京にあるから、毎日でも通ってマイクロフィルムに写せばよかったのである。しかし濃尾地方の史料の大部分は現地にある。一部は立教大学や、明治大学、慶應義塾大学など東京にもあるが、大部分は現地である。私が調査を始めたときは、まだ岐阜県の歴史史料館ができる前で、情報を岐阜県の県史編纂室でもらい、それを頼りに所蔵者を訪ねるということをやっていった。

幸いに東名高速道路が開通し、手伝ってくれる大学院生らと共に東京から車で走っていった。夕方東京を出て、夜それほど遅くならないうちに現地に着いて一泊し、翌日朝から活動を開始するということをよくやったものである。マイクロフィルム撮影装置や高速道路などの近代設備がずいぶん研究に役立った。

現地で情報をもらって史料収集をやるのだが、なかには、岐阜の市立博物館や大垣の市立図書館のように、公的な機関が史料をもっている場合もあって、そういうところは比較的容易にアクセスすることができたが、個人の家となると簡単にはいかない。やはり前もって手紙を出し、許可を得て、いついつ行くといって調査することになる。

調査を始めると、濃尾地方にはじつにたくさんの史料があることがわかった。とくに美濃のほうにたくさん史料があるということがわかってきた。これはなぜか。いくつか理由が考えられるが、一つは、美濃紙という言葉があるように、美濃地方ではひじょうに質のいい紙を産する。それで「宗門改帳」もたいへん立派な紙に書かれている。これに比べると、関東地方の「宗門改帳」は紙の質が悪い。紙の質が悪いと扱いもついぞんざいになるし、くしゃくしゃになってしまう。しかし立派な紙に書かれているとやはり大事にされる、ということがある。

それから美濃の平坦部は、木曽川、長良川、揖斐《いび》川という三つの大きな川が流れているデルタ地帯、つまり輪中地帯である。輪中は川の水面のほうが土地よりも高いので、堤で土地を輪のように完全に囲う。囲わないと中に水が入ってしまう。最近も、昭和五十一年に堤が破れて洪水になり、大被害が出た。そのときも、江戸時代につくった堤のほうが近代技術でつくった堤よりも丈夫で、それで助かったというところがいくつもあった。

だから輪中地帯は洪水にたいへん敏感で、人の住む場所、とくに庄屋の住む場所は一段高く石垣を積む。川の水面より高いところに住居や蔵があり、そこに大事なものを入れておく。また、洪水のときに舟を使わなければならないので、家の軒先には舟がぶら下がっているという風景が見られる。

そのような水害地帯だから史料はないかといえば、かえって史料を大事にするところでもあり、行ってみて初めてわかったことだが、ないであろうと思っていた「宗門改帳」がたくさん出てきた。なかには宗門改めの制度が始まった寛永十五（一六三八）年に作成された、日本でもいちばん古い「宗門改帳」（安八《あんぱち》郡楡俣《にれまた》村）もある。

　そういうわけで、史料がたくさんあることがわかると、こちらもだんだん意欲が出て、五年間以上、休みというともっぱら史料集めをやった。雪の日には、雪道で大学院生がみな車を後ろから押して、峠を越えたりしながら史料集めをやったものだった。

　結局、江戸時代の村の数で五十か村分くらいの史料を集めた。ただし五十か村といっても、なかには一つの村で十年、あるいは二十年分くらいしかないというものもあって、諏訪のように二百年間も続くというのはなかったのだが、やはり五十か村分も集まると、いろいろな分析ができる。

美濃の史料の特色

　そうやって集めた史料を並べてみると、いろいろな「宗門改帳」があるということが見えてきた。というのは、諏訪の「宗門改帳」というのは諏訪藩の「宗門改帳」であり、書式は一定している。しかし、美濃の国ではいろいろな領主が領地をもっていて、それぞれが違う書式で作成しているのである。

隣の名古屋藩（尾張徳川家）も領地をもっているし、いちばん大きな藩である大垣藩も領地をもっている。そのうえ、小さい藩がたくさんあるし、旗本も土地をもっている。なかには天領（幕府の直轄地）もあり、岐阜のすぐそばの笠松に代官所があって、直轄地の行政を担当している。このようにいろいろな領地がモザイクのようになっていて、美濃の国の地図に藩別に色を塗っていくと、斑《まだら》模様のようになってしまう。

幸いなことに、美濃の輪中地帯には現住地主義でつくられた「宗門改帳」が少なからず残っていた。それは、この地域に幕府の直轄地が多く、天領の村は現住地主義でつくられているからである。名古屋藩はいわゆる御三家だから、幕府と同じ現住地主義でつくられていても不思議ではないが、そのように大きな藩になると独自の制度でつくる。だから現住地主義ではなく本籍地主義である。大垣藩もそうである。ただそのなかにあって、寛延三（一七五〇）年ころからは天領のいくつかの村が大垣藩の預り地となった。大名預り地というのは行政を委託するものだが、制度は幕府直轄地のときのままで、宗門改帳も現住地主義である。

なぜそういう預り地ができたのかというと、大垣藩は禄高十五万石の譜代大名であるが、この大垣藩に何か手柄があったり、藩主が重要な役職についたとき、何か褒美をやりたい、たとえばもう五万石加増して二十万石にしたいと思っても、そうはいかない。それぞれの大名には格式というものがあって、大垣藩は十五万石、名古屋藩は五十四万石と決まっている。その禄高の大きさにしたがって、将軍に拝謁するとき近づき得る位置が違い、五十万石はここまでとか、十万石ならここまでという格式が決まっていて、それを崩すことはできない。それが崩れるとあちこちで不満が起きるから、現状維持という秩序をずっと幕末まで守らせる。しかし大垣藩に少し禄高を上げてやりたいというときには、預り地という制度で、五万石分くらいの村を預り地として与えるわけである。制度はそのまま天領の時代のものを引き継ぐのだが、その天領大垣藩預り地という大垣周辺の数十の村については、「宗門改帳」の書き方は現住地主義で、われわれにとってひじょうにありがたかった。

人畜の比率の変化

濃尾地方の研究は、まず名古屋藩のマクロの統計史料から始めた。尾張名古屋藩が藩領全体について一六七〇年代に調べた「寛文村々覚書」という史料がある。尾張藩領というのは、尾張一国が全部尾張藩で、それ以外に美濃でもかなりもっている。だから、「寛文村々覚書」は二つの国にあって、尾張と美濃と両方の村の様子がわかるのである。それから「徇行記《じゅんこうき》」という史料があって、これは「寛文村々覚書」から百五十年くらいたった一八二〇年代にある藩士によって編纂されたもので、各村の状況を書いている。もちろん尾張のものも美濃のものもある。

二つの年代の史料を突き合わせることによって、その間に村ごとの人口がどう変化したか、戸数はどう変化したか、村高（その村の土地評価額）はどう変化したか、家畜の数はどう変化したか、さらにそれらの組み合わせ、一戸あたりの家畜数、人口一人あたりの土地評価額といった変数間の関係を二つの時点で見ることができる。村の数が千以上あるから、そのままでは関係を示す線がそれこそ千本以上できてしまうので、十五くらいある郡を単位として線を引っ張っていくと、どういう地域で人口がより増え、あるいはその他の変数が変化したかということがわかる。

これで見ると、たとえば人口がいちばん増えているのは伊勢湾の沿岸地帯である。最近、有明海の諫早《いさはや》湾干拓が問題になっているが、海岸干拓というのは効果があった。伊勢湾の海岸線は江戸時代のうちにどんどん先へ延びていくが、それによって、当然人口も増えた。また、その地域の一つの村の「宗門改帳」が残っていて、その村の歴史人口学的な研究もできた。

その結果わかったのは、人の数と家畜（ここはほとんど馬）の数の比率が大きく変化したことである。つまり、人口は増えるが馬の数は減っている。十七世紀には平均して人口二十人あたり一頭、それが十九世紀には人口百人あたり一頭になった。二十人あたり一頭というと、四世帯に一頭くらいである。百人あたり一頭なら、二十世帯に一頭になる。

ヨーロッパ型の農業発展は、人口に対して家畜の数が増えていく。そこで、いちばん初めに土地を掘り起こす犂《すき》は、一頭が曳いていたものが増え十二頭曳きまでいく。十二頭曳きにするのに、その十二頭の力が全部均等にかかるようにしなければならないなどのいろいろな技術改良が行われ、また、深く土地を掘り起こすために、大型化も必要であった。

　しかし日本では、とうとう一頭曳きのものしかできなかった。しかも、日本は家畜を増やさず、だんだん農業に家畜を使わなくなっていく。つまり、人口百人に馬が一頭しかいないという状態では、どんなに回り持ちして何軒かの家で使ったとしても、耕作には使えない。そういう場合はたぶん、乗ってどこかへ行くとか運搬するとかのために飼っていたのだと思う。

　家畜数が減少したということは、それまで家畜のやっていた仕事を人間がやるようになったことを意味する。当時の馬は小さいから、馬一頭でも一馬力は出なかっただろうが、とにかく、馬を耕作に使う場合には、馬が犂を曳いて土地を掘り起こしていき、人間は倒れないように犂を支える。ところがそのようなかたちはなくなり、人間が犂《す》いていくやりかた、夫が引っ張り、妻が後ろで支える方法に変わっていく。そのタイプのスキというのは犂ではなくて鋤になる。すなわち、家畜がいなくなってその仕事を人間がやる、畜力から人力へというエネルギーの代替が起こるわけである。

　この変化は、ヨーロッパ型の農業発展とはまったく逆である。ヨーロッパは家畜をどんどん入れて、多大の外部エネルギーを導入する。これが工業で実現したのが産業革命である。日本はエネルギー源はマンパワーによるのであり、外部エネルギーではない。

　それを濃尾地方内部の地域別に見ると、家畜の絶対数はどこでも減っているが、いちばん減ったのは平坦部で、山間部はそんなに減っていない（もちろん絶対数は減ったけれども）。平野地帯ではほとんど家畜がいなくなり、いても家数数十軒に一頭程度、村に一頭か二頭しかいないという状況になった。当初は家畜が農耕に使われていた可能性が高く、四、五軒に一頭でも交代交代に使うことで、農耕の最初に鋤で土地を掘り起こす目的に使うことができたが、村で一頭になるともうできなくなってしまう。

　山間部ではそれほど減らなかったというのは、一つには山間部だと家畜を飼う場所があるし、餌の下草を取ってくる場所もまだ残っていたからであろう。しかし、平坦部ではもう全部耕地になってしまったので、家畜の餌を取る場所はなくなるし、飼う場所もなくなってしまった。家畜を飼うコストが上昇したのである。極論すれば、平坦部での農業は家畜なしで行われるようになったのである。

勤勉革命

　それではこの時代に農民の生活水準は落ちたのかというと、落ちていない。落ちていないどころかむしろ上がっているのである。たとえば、平均寿命が延びたり、旅行に出る者が多くなるなど、衣食住すべての面について生活水準が上がっている。もちろん鋤や鍬など効率のいい農具がひじょうに発達し、その土地土地に即した、砂地なら砂地の、粘土質のところなら粘土質の土地に合った、効率を考えた農具が使われるようになる。

　家畜は別名キャピタル、つまり資本である。経済学では生産要素としてふつう、資本と労働を考える。資本部分は大幅に増えて労働は節約する、つまり資本集約・労働節約というのが近代の産業革命、あるいは農業革命である。けれども日本の場合はそうはいかなくて、労働集約・資本節約、つまり資本が減り投下労働量は増えるという方向で生産量が増大することになる。視野を日本とヨーロッパというように広げた場合、これは日本型とヨーロッパ型の対照となる。さらに日本型をもう少し拡大させると、アジア型といってもいいかもしれないが、アジア型とヨーロッパ型というように分けることもできる。

　問題は、それによって農業に携わる人々の労働時間や労働の強度が大きくなっていくことである。いままで一日六時間ですんでいたものが、八時間、十時間働かなければならないとか、いままで家族全員は働かなくてよかったのが、こんどは全員が働かなければならないというようになってくる。

　そうなった場合に、農民のそういう状況に対する対応はどうであったのかというと、これは日本独特だが、日本人はそこに労働は美徳であるという道徳を持ち込んでしまった。もちろんヨーロッパでも、いわゆるプロテスタンティズムの倫理において、勤労によって得た利益は認められるという考え方が出てくるけれども、日本の場合は宗教ではなくて、実際の生活のなかで勤労は美徳であるという考え方ができ上がる。江戸時代にたくさんの農書が出されたが、そこには必ず、一生懸命働くことはいいことだと書かれている。

そうやって農民は働くようになったのだろうと私は思うが、もし一生懸命働いても、その成果が農民の生活水準の向上にははね返ってこないシステム、たとえば年貢で取り上げられてしまうとか、地主が取ってしまうようであれば、農民はけっして働かなかったであろう。ところが日本では、一生懸命働いて生産量が上がった場合、上がった分をそのまま年貢として取られたり、小作料として取られるというシステムにはなっていなかった。いくばくかは働いている農民のところへ還元された。それによって生活水準が上がるわけである。逆にいうと、生活水準が上がるなら、つまり美味いものが食べられる、あるいはいい着物を着られる、よりよき住まいに住める、あるいは旅行ができる、といったようになるのならば、激しく働くようになってもいいということになる。それをどの程度意識していたかはわからないが、そういう仕組みになった。

私はこれを勤勉革命（industrious revolution）と呼んだ。つまりヨーロッパ型の発展は産業革命（industrial revolution）で、資本部分が大きくなって、労働資本比率において資本分が増えるかたちの変化。日本は労働部分が相対的に増える変化で、これを勤勉革命と呼んだわけである。いまやこの言葉は世界中で多く使われるようになっている。この勤勉は、働かなくては食えないという「非自発的」な性格のものではなく、よりよき生活を、という動機をもった「自発的」な性格のものである。

私はこのことが、よくいわれる日本人は勤勉であるということにつながってくると考える。江戸時代から明治にかけて日本を訪れた外国人は、日本人は勤勉であるとか、清潔好きだということをさかんにいっているが、彼らヨーロッパ人にしろ、あるいはアジアから来た人にしろ、日本へ来て農民たちが田や畑で一生懸命働いている姿を見て、なんとよく働くのだろうと思ったのだろう。これはいわゆる高度成長期でもそうで、夜中までビルに明かりをつけて働いていた。このごろでこそ日本人は働くのが苦痛になってきたのか、法的な規制もあり、働くこと以外の喜びが増えてきたこともあって、さっさとリタイアして自分のしたいことをする者もいる世の中になってきた。しかしとにかく、この時期の日本人というのはひじょうに激しく働いた。そして、その江戸時代の姿の最終的な完成というか勤勉の完成が、二宮尊徳ではなかったのだろうかと思う。

二宮尊徳は明治政府に利用され、強制的に各小学校に銅像が建てられ、歌までできて鑑《かがみ》とされた。その反動で、戦後は否定的に語られることが多いが、彼は悪漢ではなく、いろいろな大名たちの財政破綻を救ったり、農家へ出かけていって、どうすれば農民経済をより利益が上がるものにできるか、という指導をやっている。彼は経済破綻を救うコンサルタントだった。

農業技術の発達

もちろん勤労以外にも、いわゆるソフト技術の面で、江戸時代に日本の農業はひじょうに生産性を上げた。たとえば、種籾《たねもみ》を塩水に浸し、浮いてくるでき損ないの籾は捨て、沈んだ、できのいい、たくさん収穫のあるような籾を蒔く。選別されているから収穫は多くなるのである。

それから何よりも肥料をたくさん使う。従来の肥料はカネのいらない自給肥料だった。つまり、入会地（その村民ならば自由に利用できる場所）で草を刈ってきて堆肥をつくり、それを土地を鋤《す》く前に埋め込む。それが発酵したものを栄養分にするというかたちで、これは自然肥料、あるいは当時の言葉で「緑肥」であった。

ところが、たとえば二毛作のように土地の利用頻度が高くなると、自然肥料だけでは足りなくなる。そこで購入肥料、カネを出して買う肥料が使われるようになる。これを「金肥」と呼んでいる。いちばんよく使われるようになったのは魚肥である。イワシを干して、ついて粉にした干鰯《ほしか》であるとか、ニシンを同じように粉にした干鰊《ほしにしん》など、ニシンとかイワシとか大量に獲れる魚を材料にしている。イワシ漁でいちばん有名なのは千葉の九十九里浜の地引き網漁業、ニシンは北海道産のものである。大量に獲れた魚をついて粉にして大坂にもってくる。当時の物流でいえば一度大坂へ全部もってきて、大坂の干鰯や干鰊問屋からふたたび全国へ散っていくということになる。このような全国的な物流は、江戸時代以前には考えられなかった。

そのように魚を干して粉にして肥料にすることは、海草を肥料にした例はあるものの、世界では他に例がないのではなかろうか。魚をとって、それを直接食糧にしないでいったん肥料にし、何かを育て、それを食べるとか原料にする。たとえば、綿をつくり、その綿から紡いだ糸を織って織物にするとか、あるいは菜種をつくって、搾って油にする。菜種油というのはいろいろな用途があって、灯油や整髪料、てんぷら油などに使う。絞りカスも肥料になる。カネを出して買った金肥を使うから、つくったものもカネで売れる農産物でなければならない。そのような一つのサイクルができ上がっていった。

そういうわけで、勤労だけが江戸時代の農業を支えたわけではないが、勤労とソフト面でのいろいろな発明・応用によって、江戸時代の農業生産性というのはかなり上がった。おそらく単位面積あたりの生産量は世界でも最高の水準までいっていたと思われる。

「宗門改帳」にみる結婚と出産

ついで私は、ミクロの史料＝「宗門改帳」に観察を移していき、伊勢湾の干拓新田、東美濃の中山村、輪中地帯の平坦部などについて調査を行った。とくに、輪中地帯の平坦部についてはたくさん史料が集まった。一村単位の研究だとどうしても統計的なぶれが大きくなり、たとえば一人多く死んでも死亡率がはね上がったり、死亡者がゼロだと数値がおかしくなったりしてしまう。だから、この種の統計的観察にはサイズをなるべく大きくするということが大事で、輪中地帯の平坦部ではサンプルを複数とり、最大十七か村、二千三百組の夫婦の家族復元をやった。この数値は、ある地域における家族復元研究、つまり出産力や結婚年齢などの研究としては、いままで日本で出たなかでいちばんまとまったものであると思う。サイズを大きくとると、いろいろな分類でものを見ることができるのである。

家族復元の結果、結婚した者の平均初婚年齢は、男は二十八歳、女は二十・五歳であった。それから結婚の継続期間だが、その分布を見ると、わずか一年というのがいちばん多くて、全体の七%。それからずっと下がっていって、いわゆる銀婚式(二十五年間結婚が続く)というのは全体の二、三%くらいで、金婚式(五十年)まで続くのはほんの〇・五%でしかない。これは死亡時期が早いということもあるが、わりと離婚が多かったからでもある。結婚後一〜三年での結婚解消がいちばん多いというようなこともわかってきた。

もちろん早く結婚すれば、生まれる子供の数も多くなる。ただし日本の「宗門改帳」の欠陥は、何度もいうように、生まれてから次の宗門改めが行われるまでに死んでしまった子供は陽の目を見ないことである。だからこの点ではヨーロッパの教区簿冊にかなわない。ヨーロッパの教区簿冊は、とにかく生まれてから一週間とかせいぜい二週間以内に洗礼を受けた者を記録する。それまでに死んでしまったものは教会の史料に載らないが、いったん洗礼を授かれば（洗礼を授けられるということはキリスト教徒になるということ）、すぐに死んでも、きらんとキリスト教徒として埋葬される。だから生まれて一年以内にどれくらい死んだかということが計算できるが、日本ではそうはいかない。それが日本の史料の弱みであり、したがって、何人生まれたかという数字も、実際より低めに出てくる。

この十七か村の合計数でいうと、女子のうち、十六歳から二十歳のあいだに結婚した者は、生涯に五・三九人の子供を産む。これは二百六十九例あるから、統計的には相当な数になる。さらに、二十一歳から二十五歳のあいだに結婚した者は四・五四人産むとなっている。

統計的には、子供が四・五人未満だと、おとなになるまでに全員死んでしまって跡継ぎがいないという事態が発生する可能性が出てくるが、四・五人以上ならば、その可能性はない。したがって少なくとも美濃では、女子は二十五歳までに結婚すれば統計的には跡継ぎがいるということになる。

それからどの年齢階層でいちばん出生率が高いか。これも普通いわれる常識なのだが、二十一歳から二十五歳、つまり二十代の前半がいちばん出生率が高く、その前の、十六歳から二十歳層というのは少し低い。年齢階層別出生率のカーブを描くと、二十一歳から二十五歳にピークがあって、それからずっと下がっていき、四十六〜五十歳層でほとんどゼロになる。これはひじょうにノーマルな分布である。

それを、結婚年齢によって分けたり、平坦部と山間部で分けてみると、若干の差はあるが、いまいったようなかたち自体にはそれほど大きな差はない。平坦部のほうがやや高く、山間部のほうがやや低いといった程度である。

また持高、つまり各自がもっている土地の評価額によって分類すると、やはり持高の多い世帯のほうが出生率が高く、持高の少ない世帯は低いという差は出るが、それほど大きな差ではない。では、その差は何によって生じたのか。持高の少ない世帯はそもそも生活水準が低いから、子供が生まれてもすぐ死んでしまう例が多かったというふうに解釈すべきなのか、あるいは出生制限をやっていたと解釈すべきなのか、この史料からだけではわからないが、私の読み取った限りでは、出生制限よりもむしろ生活水準による差といったほうがいいだろうと思っている。

その他、これだけの数を集めるといろいろな結果が出てくる。子供を産み終える年齢も、信じられないような五十一歳以上というのがあるが、これはたぶん人為的なもので、自分の娘が産んだ不義の子を自分の子としたということだろう。統計的には出産は四十六歳まではあって、四十七歳以上になると無視できるほど少なくなる。だから四十五、六歳あたりがだいたい子供を産む限界で、今日でいう高年齢出産はそのあたりまでであった。

大切にされる第一子

それから、出生順位によって、生まれた子供のうち早く死んでしまった者（五歳までに死んだ者）に変化があるかというと、多少でこぼこはあるが、やはり第一子は幼児死亡率が低い。それが、第六子、末子くらいになるとかなり高くなる。第一子というのは大事にされたといってもいいだろう。それと同時に、生まれたときの母親の年齢をとっても、十六歳から二十歳とか、二十一歳から二十五歳のあいだに生まれた子供は死亡率が低く、それ以降だんだん高くなっていく。高年齢出産ということも影響しているのかもしれないし、出産年齢が高くなれば当然四、五、六番目といった子供になるから、あまり大事にされないということもあるだろう。

　これはなにも日本に限った現象ではない。たとえばイングランドでも、有名な十七世紀のころのある牧師の日記に出てくる記事で、第一子が生まれたときは子どもの出産についてたくさん書いているが、たくさん生まれたうちの最後の子供の場合は、誰々が生まれたという一行ですませたりしている。要するに、彼の意識のなかで生まれた子どもはしだいに希薄になるということで、これは万国共通ともいえるだろう。いまは生まれる子供が一人から三人くらいになったから、あまりそういうことはなくなっただろうが、やはり長男や長女というのは大事にされるし、十人も子供を産めば、末っ子のほうは大事にされない。こういった結果が、十七か村の検討から出てきた。

三　美濃国西条村の場合

一年の欠けもない史料

天領大垣藩預り地の史料はひじょうに内容がいいと述べたが、そのなかでもいちばんいいものが、立教大学に所蔵されている安八《あんぱち》郡西条《にしじょう》村の史料である（この史料の利用については、同大学の林英夫教授および浅見恵さんのご好意によった）。ここの「宗門改帳」は江戸後期九十七年間分のものだが、安永二（一七七三）年から明治二（一八六九）年にいたるまで一年の欠けもない。普通「宗門改帳」の場合、百年間カバーしていても、いろいろな理由で数年分は欠けるものだが、ここにはそれがない。諏訪の史料でいちばん長く残っている横内村のものにしても、二百一年間に百四十四年分、七二％くらいの残存率だったのだが、この西条村は一〇〇％。しかも現住地主義で、少なくとも中央日本においてはいちばんいい史料なのである。

史料が連続していることがなぜ重要かというと、仮に一年でも二年でも欠けていると、その間にいなくなってしまった者が、死亡したのか、あるいはその他の理由で史料から欠けたのかわからなくなる。しかし西条村の史料は毎年あるので、なぜいなくなったのか、どういう理由でどこからこの村へ入ってきたのかが、一人残らず追えるのである。

この史料を立教大学が所蔵しているのは、現地の所蔵者が引っ越しをした際にいろいろな史料を処分してあちこちにばらばらになってしまったが、そのうちの「宗門改帳」だけがまとまって移されたことによる。

「庄屋日記」

さらに、この村には「庄屋日記」がある。現在の所蔵はばらばらになっているが、最近その庄屋日記を使って書かれた本が出版された（成松佐恵子『庄屋日記にみる江戸の世相と暮らし』ミネルヴァ書房、二〇〇〇年）。「宗門改帳」と「庄屋日記」の両方を見ると、当時の人々の暮らし方が手に取るようにわかる。

西条村の隣に楡俣村という村があり、そこにも、西条村ほど長くは続いていないが「宗門改帳」がある程度残っていて、しかも、その楡俣村の「庄屋日記」も残されている。日本人は日記を書かないとよくいわれるが、けっしてそういうことはなく、けっこう日記を書いている。

ただ日記は人に見せるためのものではないので、読みにくかったり、プライバシーにかかわるので外に出さないものが多いのは事実である。私も、「宗門改帳」を使った統計的な研究ができなくなったら、日記を研究対象にしようかなと思っていて、ぼつぼつ集めてはいる。あちこちに残っている日記からは、他の史料では窺い得ないようなことも書かれているのである。

たとえば「宗門改帳」ではある家の娘がいつまでたっても結婚しない。それが日記を読むと、その娘はじつは病気で、薬を与えたりしているという記述が出てきたりする。また、なかなか結婚しない庄屋の息子がいて、三十いくつになってやっと結婚した。しかし日記を読んでみると、彼はとんでもない面食いだったのか、何度見合いをしても全部断わってしまい、しまいには親がにつかわしい相手を連れてきていっしょに部屋へ住まわせ、やっと夫婦になったということがわかる。このような、当時の庶民生活の、他の史料ではわからないことが出てくるのである。それから、捨て子があるというような記述も出てくるが、これも「宗門改帳」には出てこない内容である。

このように、「宗門改帳」によってほんとうにいろいろなことがわかるけれども、それらから漏れるようなことでも、「庄屋日記」を読めばわかることがあり、両方の史料をつき合わせればひじょうに有効だということがわかった。だから、濃尾地方を調査地域に選び、両方の史料に出会えたことは、そういう意味で、とても幸運であった。

「宗門改帳」の整理

西条村の「宗門改帳」の整理方法として、私は、一人を一枚のカードにとり、名前や所属する家族、出生や死亡、結婚、奉公といったことを全部一枚のシートに書き込む整理法をやってみた。もちろん現在ではこれをコンピューターが全部やってくれる。先に述べたBDSといういちばん基礎になるデータシートをコンピューターに入力すれば、一人一人について、何年にどこへ出稼ぎに行って、帰ってきて、結婚して、子供を産んだということは、コンピューターが全部やってくれる。しかし、私がこれを始めたころはそこまではやれなかった。だから一人一人全部の履歴を紙に写しとり、一種の履歴書づくりをやったのである。

「宗門改帳」に一年でも登場する住民は、合計して千八百八十六人。村の人口は三百前後で多少増えたり減ったりするが、とにかくその三百前後の人口の村で、九十七年間に一年でも名前の出てくるのは千八百八十六人。つまり千八百八十六枚のシートができたことになる。

次にそのシートにいろいろな情報を書き込んでいく。まず男か女かを色でわかるようにした。それから何年に生まれたか、何年に死んだかを記入し、出稼ぎ奉公経験があるかないか、経験がある場合は都市か農村か、あるいは両方かを端のほうに色で塗っておく。結婚したかしなかったかも色で塗っておくと、文字通り一目瞭然でわかる。千八百何十枚のなかから奉公経験のある者だけ選ぶとなると、その色のついたものを選んでくる、といった作業ができる。先のアメリカ大統領選挙のときのフロリダ州での集計作業のようなもので、手作業でそれをやった。

出稼ぎ奉公

その結果多くのことがわかったが、そのなかでも、いままでの村の史料では見られない、この村の「宗門改帳」の特徴の一つとして挙げられるのが、人口移動の記事である。毎年調べた結果を書いてあるなかで、その世帯にいっしょに住んでいる者を記したあと、家畜がいれば記録し、そのあとのスペースに、結婚して出た者、出稼ぎ奉公に行っている者などについて記録している。

なかでも、出稼ぎ奉公に注目をして、いったいどれくらいの人がこの村から出稼ぎ奉公に出ているのかということを計算してみた。出稼ぎ奉公を数量的にどうやって計算するかというと、もちろん「宗門改帳」に出てくる千八百八十六人のうち、何人に出稼ぎ経験があるかということは簡単に出る。けれども、その人が一年だけ奉公して翌年帰ってきてしまう場合もあるだろうし、京都に行って十五年くらい奉公して帰ってくるという場合もあるだろう。あるいは大坂へ奉公に行ってそのまま居ついてしまい、そこで死ぬという場合もあるだろう。だから、何人奉公に出たということだけではあまり意味がない。

コーホート	男子			女子		
	1773～1800	1801～1825	計	1773～1800	1801～1825	計
小作層	62.7	63.5	63.1	73.2	75.0	74.0
自小作層	—*	31.3	27.8	—*	66.7	64.7
自作層	29.4	30.0	29.6	60.7	56.3	59.1
地主層	52.4	14.3	39.4	40.9	22.2	32.5
計	53.5	46.7	50.3	63.0	60.8	62.0

＊事例数僅少のため省略　（%）

西条村の出身階層別出稼ぎ経験率（11歳に達した者に対する率）

そこで私は、その奉公をカウントするときに、パーソン・イヤー（人年）、つまり一人が一年奉公に行けば一、一人が五年行けば五、あるいは五人が一年ずつ行っても五というような、パーソン・イヤーを単位として、どれくらい行っているかということを計算した。これもまた私だけではなく、ベルギーの人口を対象として研究しているアメリカの学者が、やはり人口移動の単位にパーソン・イヤーを使っている。人年というのは、この種のことを見るのにひじょうに有効なのである。

まず全体として西条村からどれくらいの者が人年単位で外へ出たかというと、男女合わせて六千六百四十七人年。だから千八百八十六で割ると、一人あたり平均してだいたい三・五年くらいは奉公に出ていることになる。しかしこの計算はあまり意味がない。実際に奉公経験をしたことがあるのは、男女、階層によって差はあるが、少なくとも十一歳に達した者（十歳までに死んでしまったものはカウントから除く）のうち、男子は五〇・三％、女子は六二％に達する。

階層別に見ると、小作層でいちばん高く、地主層でいちばん低い。男子の小作層では六三・一％、地主層では三九・四％。女子では小作層で七四・〇％、地主層で三二・五％というように、階層によってかなり違い、小作層ほどたくさん奉公経験があるということになる。

　これは当然といえば当然で、小作層は、その村で働くよりは都市に出て、何年か働いてカネを得て帰ってくるほうがいいという選択をしたのである。この村での農業奉公の賃金と都市での賃金とにどれくらい違いがあるのかはわからないが、都市のほうがよかったから都市へ行くわけで、都市のほうが低かったら行かなかったに違いない。

三方向の出稼ぎ先

　もちろん行く先は都市とは限らない。行く先を農村、町場（中小都市や地方の町）、都市の三つに分けてみると、人年単位で見た場合、男子では農村が二九・七％、町場が一〇・七％、都市が五九・六％となる。やはり都市がいちばん多く、六〇％くらいが都市へ行っている。しかし女子は多少違っていて、農村が三七・八％、町場が一四・六％、都市が四七・五％となっていて、やはり都市がいちばん多いけれども、近在の農村や町場にもけっこう出ている。

　興味深いことに、農村のほうは男子、女子とも年代とともにだんだん減っているのに対し、町場は増えていって、とくに女子の場合、九十七年間をだいたい二十五年ごとに区切った最後

年代	奉公人数（人年）				1年平均奉公人数				構成比率（%）		
	農村	町場	都市	計	農村	町場	都市	計	農村	町場	都市
（男子）											
1773〜1800	309	25	540	874	11.0	0.9	19.3	31.2	35.4	2.9	61.8
1801〜1825	325	87	501	913	13.0	3.5	20.0	36.5	35.6	9.5	54.9
1826〜1850	170	115	496	781	6.8	4.6	19.8	31.2	21.8	14.7	63.5
1851〜1869	138	112	354	604	7.3	5.9	18.6	31.8	22.8	18.5	58.6
計	942	339	1,891	3,172	9.7	3.5	19.5	32.7	29.7	10.7	59.6
（女子）											
1773〜1800	405	69	427	901	14.5	2.5	15.3	32.2	45.0	7.7	47.4
1801〜1825	382	86	577	1,045	15.3	3.4	23.1	41.8	36.6	8.2	55.2
1826〜1850	377	125	445	947	15.1	5.0	17.8	37.9	39.8	13.2	47.0
1851〜1869	151	228	203	582	7.9	12.0	10.7	30.6	25.9	39.2	34.9
計	1,315	508	1,652	3,475	13.6	5.2	17.0	35.8	37.8	14.6	47.5

出稼ぎ奉公の年代別・行き先別構成

の時期になると、三九・二%でいちばん多くなり、四割近くが町場へ行っていることになる。このことは、幕末ころの濃尾地方において中小都市が発達し、労働力の需要が大きくなったことを示している。すなわち、濃尾地方には尾西織物地帯があり、この時期、いまの一宮あたりを中心とする地域に綿織物産業が発達した。この村から出ていった者がすぐ織り手になったかどうかは別としても、そういう産業的な発達があって、大手の商人、宿屋、食事を供するところ、店屋などが付帯して出てくると、この村からそういう商業やサービス産業で働く人たちが出ていくことになる。

　ここで都市といっているのは、京都、大坂、名古屋、大垣といった城下町が大部分で（京都や大坂は城下町とはいえないが）、大都市が主であるが、男子も女子もそんなに大きな変化はなく、やや減っている程度である。

目立って減ったのは農村奉公で、それは農村奉公のかたちが、他の村から人を雇い、住み込ませて働かせるのではなく、同じ村のなかから日雇いなどのかたちで雇うというように変わったことによる可能性がある。そのことが「庄屋日記」などにも出てくる。実際、そのほうが需要の弾力性からいっても合うわけで、農繁期のレベルで人を年雇いしてしまうと、遊んでいる農閑期にも賃金を払わなければならなくなる。雇う側としては、日雇いのほうが合理的でいいということになるわけで、そのことが農村奉公の率を減らしたのではないかと思われる。それに対して、町場へ年雇いで行く場合は、年雇いのかたちが適している業種、主にサービス産業へ行っていることになる。

出稼ぎ開始年齢

では、いったい何歳くらいで出稼ぎ奉公を始めたのだろうか。ここで出稼ぎ奉公という言葉を使ったが、「出稼ぎ」という言葉にはもともと、いつかはその地へ帰ってくるという意味が含まれている。しかし実際には帰ってこない者がたくさんいた。ただし江戸時代にも法令があって、制度的には移動できない。とくに領主が違うところへはなおさらである。そこで、その規制をかい潜るために出稼ぎという言葉を使った。出稼ぎということなら、いつかは帰ることが前提だからかまわないという理屈が成り立つのである。だから、同じ出稼ぎ奉公といっても、ほんとうに出稼ぎで、何年か働いたら帰ってくる者もいたし、そうではなくて、ずっと出稼ぎ先に居続ける労働移動も含まれていた。あるいは、最初は帰ってくるつもりで行ったのが、途中で気が変わって居続けてしまった者もいただろうし、その区別はつけられない。史料の上でもつかないし、そもそも本人の意図とは違った結果となったかもしれない。だからそのことは問わないことにして、その出稼ぎ奉公に何歳くらいで出ていったかということである。

　そうすると、やはり男子で若干、出身階層による差が有意に出てくる。男子の小作層で十四・九歳、自小作、自作、地主層で十六・九歳で二歳違う。女子はあまり差はなく、小作層で十四・一歳、自小作、自作、地主層で十五・二歳。それにしても一、二歳の差はある。

農村への奉公

　農村への奉公の場合は、西条村を中心として半径八キロ以内のところが圧倒的に多く、九割以上が行っている。当たり前といえば当たり前で、八キロというと歩いていって二時間程度、これくらいが当時の人々がいろいろな行動をする、一種の生活圏とでもいうべき範囲だった。

　ところが、その移動の方向を見てみると、興味深いことが出てくる。それは男子、女子ともだいたい北ないし西のほうからこの村へ入ってきて、東ないし南のほうへ出ている、というこ

奉公開始年齢 性別	男子								女子							
出身層	小作				自小作・自作・地主				小作				自小作・自作・地主			
奉公先	農村	都市	他	小計	農村	都市	他	小計	農村	都市	他	小計	農村	都市	他	小計
5歳			1	1												
6	1			1						1		1				
7	1			1					3			3				
8	2	2		4		1		1	2	1		3				
9	5	2	2	9					4	1		5		1		1
10	1	3		4		2		2	7			7	1	1		2
11	7	7		14		2		2	5	2		7		1		1
12	6	3		9		2		2	9	3		12		5		5
13		6	1	7	1	2		3	14	1	1	16		4		4
14	4	4		8	1	2		3	6	12		18		5		5
15	6	2		8					6	4		10	2	4		6
16	4	5		9		1		1	4	8	1	13	1	8		9
17	4	3	2	9					4	2		6		3		3
18	1	1		2	2	2		4	1	4		5	1	1		2
19	1	2		3		1		1	3	1		4		1	2	3
20						1		1	1	1	2	4		1		1
21	1	1		2		1		1	2			2		1		1
22		1		1		1	1	2	1			1				
23											1	1				
24		1		1						1		1				
25									1			1			1	1
26〜**	2	5	2	9		2	1	3								
計	46	48	8	102	4	20	2	26	73	42	5	120	5	36	3	44
平均年齢	13.6	15.9	*	14.9	*	16.4	*	16.9	13.4	14.7	*	14.1	*	14.7	*	15.2

＊事例数僅少のため省略　**26歳以降は一括

奉公開始の年齢分布

とである。もちろん例外もあるが、全体としてみるとそのようになっている。だから農村奉公と言っても、けっして同一の方角で出入りしているのではなく、そこに一種の方向性というのが存在している。

西条村の南東のほうには尾西織物地帯があり、さらにその先には名古屋という都会がある。だから労働移動というけれども、これは一種の順送り型の労働移動と見ることができる。つまり西条村の人が南東方向の農村地帯に移動すると、そこの人は尾西織物地帯へ移動し、尾西織物地帯の人は南東方向へ移動し、次の地域の人がまた南東方向へと順送りに押し出されていって、最後には名古屋へ行くというかたちの労働移動になっているのである。こうした順送り型労働移動はすでに十九世紀のヨーロッパで発見されている一つの法則である（「ラベンスタインの法則」と呼ばれる）。

都市への奉公

濃尾地方には、東海道や中山道、あるいは美濃往還道路などの道路が走っていて、ひじょうに交通の便のいい地域だった。主要街道を歩いていくと関所があるが、関所で引っかかるのは武士、とくに武家の女性であって、一般の農民にとってはべつにないも同然だった。関所があったら裏街道を回っていけばいいのであり、支障にはならない。このように道路が発達しているから、名古屋、京都、大坂へ行きやすく、都市への奉公のなかでは、圧倒的多数がこの三都市に行っている。

全体の構成比率を見ると、男子では、いちばん多いのは京都で三三・四％、六百三十一人年。次が名古屋で三一・二％、五百九十人年。三番目が大坂で一六・六％、三百十四人年。三都市だけで八〇％以上を占めている。

女子の場合も、やはり三都市が飛び抜けているが、いちばん多いのは名古屋で四四・二％、七百二十七人年。次が京都で二七・七％、四百五十五人年。それから大坂一二・三％、二百三人年。三都市で八四％余りを占めている。これによっても、いかに名古屋、京都、大坂が労働力を吸収したかということがわかる。

逆に、濃尾地方からすれば、名古屋、京都、大坂という三都市は、名古屋は濃尾地方の中心都市であるし、京都、大坂も歩いて三日、四日あれば着いてしまうところである。要するに、三都市とも労働移動圏の範囲内であった。だから、三都市に比べて遠方にある江戸の場合は、濃尾地方からの奉公人がないことはないが、無視してもいいくらい少ない。

この地域の支配者である大垣藩の中心地・大垣の町が西条村の近くにある。しかし、名古屋の人口が十万近くあり、京都、大坂は四、五十万あって吸引力が強かったのに比べて、大垣はせいぜい一万くらいで、吸引力はそれほどなかった。もちろん大垣にもある程度出ているが、

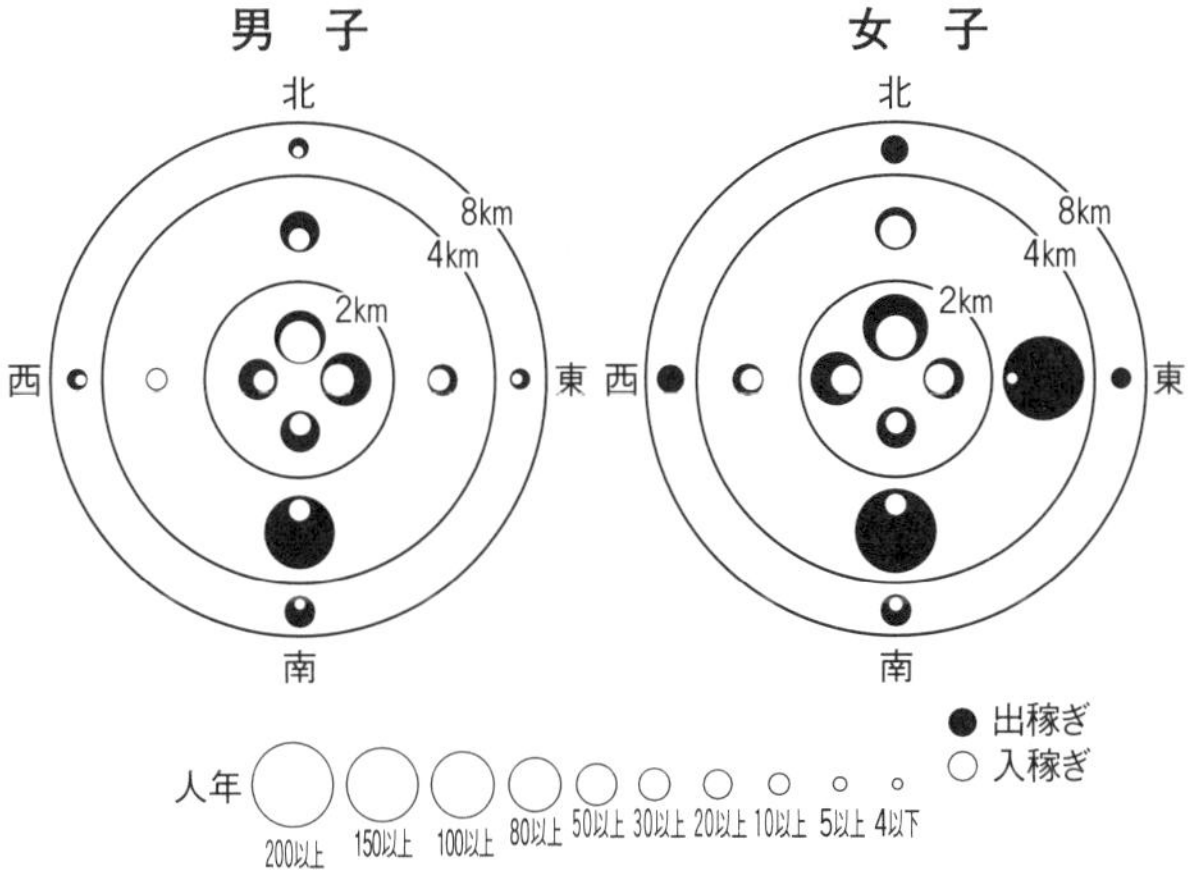

方位別奉公人移動

とうてい名古屋、大坂、京都には及ばなかった。

当時の感覚からして距離が遠いところへの出稼ぎ奉公は、どういう仕組みでなされていたのであろうか。これがじつはよくわかっていない。たとえば、ある人が西条村から京都に出稼ぎに行く場合、初めから京都での雇い主が決まっていて、京都へ着いたらそこへ行くというので行ったのか、あるいは、とにかく京都へ行って、周旋屋みたいな業者を通じて雇い主のところへ行ったのか、よくわからない。しかし史料を見ると、京都に行った者の場合、しばしば美濃屋へ行ったと書いてある。そうすると、その美濃屋という業者がいたのかということになるが、私は、これは美濃から出てきた人たちを京都の労働市場に分配する口入れ屋というか、斡旋業者ではなかったろうかと見ている。その美濃屋を通じて、ある者は京都の西陣の織り子になったかもしれないし、ある者は一般商店の丁稚になったかもしれない。そういうようにして行ったのだとすると、初めから雇い主が決まっていたというよりは、出ていって、そこで決まったというふうに見たほうがよさそうに思われる。

奉公の期間

では、奉公に行って、いったい何年間くらい続けたのだろうか。もちろん一年で帰ってきてしまう者もいたが、平均をとると、男子ではだいたい十二・八年間、女子では十四・三年間奉公している。だから、先ほど述べたように、だいたい十四、五歳で奉公に出て、継続するのは十三年から十四年。そうすると、帰ってくるのは男女とも二十六歳から二十八歳ということになる。このことがまたひじょうに重要なことになってくる。

西条村から出稼ぎ奉公に出た者は、男女合わせて三百九十四人いた。その三百九十四人のうち、最終年（明治二年の「宗門改帳」）でも奉公が継続しているのは六十五人。そうすると残りは三百二十九人になる。ところが三百二十九人のうち、だいたい三分の一にあたる百二十六人は奉公先で死亡しており、その百二十六人のうち九十六人は都市や町場、三十人が農村である。そうしてみると、やはり都市に出た者はその都市で死ぬことが多かったようである。都市の場合、商家に奉公すると屋根裏部屋にすし詰め状態になって住むことになり、健康であるわけがない。病気が流行ればたちまちうつってしまう。都市への奉公というのは同時にそういう危険もはらんでいた。

さらに、それとほぼ同数の者が、いったん西条村に帰っても、すぐ結婚や養子のために近隣の村へ行ってしまう。結局、出稼ぎ奉公先からとにかく西条村へ戻って「宗門改帳」に載った者は、一割強の八十七人にすぎない。

理由	男子	女子	計
計	176	218	394
不明	3		3
帳外・欠落	6	2	8
寺弟子	1		1
懸り人	3		3
引越	1		1
分家	5		5
養子（村外）	6		6
養子（村内）	2		2
結婚（村外）	1	93	94
結婚（村内）	4	10	14
帰村	48	18	66
死亡	62	64	126
継続中	34	31	65

奉公の終了理由（人）

奉公継続中や出稼ぎ先での死亡の場合を考えると、出稼ぎ奉公の多くはけっして一時的なものではなく、永久的な労働の移動であったといえるのではないか。また、平均して十四歳や十五歳で出て、十三、四年奉公して帰ってくるわけだから、帰ってきたとしても二十六歳から二十八歳くらいになっている。それから結婚するとなると、結婚年齢は大幅に遅れ、生まれる子供の数もそれだけ減る。前に述べたように、もっともたくさん子供が生まれるのは二十代の前半。後半以降になるとそれがぐんと落ちてくる。もちろん結婚しなくても子供は産み得るわけだが、奉公人のクラスで結婚外で子供を産んだ場合、どう考えても、その子は大事には扱われなかったとしか思えない。

出稼ぎ奉公の人口学的意味

では、そういう出稼ぎ奉公のもつ人口学的な意味はどういうところにあるのだろうか。第一に、出稼ぎ先で死亡する者が多いことから、過剰になった人口を減らすという意味がある。すなわち、「宗門改帳」に登場する千八百八十六人のうち、死亡は七百二十二人、出生は九百九十二人ある。その差は二百七十人であるから、もし出稼ぎ奉公がなければこの村の人口は二百七十人増えていなければならないことになる。ところが、一七七三年から一八六九年の九十七年間に、この村の人口は十五人しか増えていない。残りの二百五十五人は、出稼ぎ奉公が主であるが、出稼ぎ先で死んでしまったり、出稼ぎ先に居続けたりしたということになる。

しかしそれ以上に大きな意味は、出稼ぎ奉公に行った者が帰村しても結婚年齢が遅れ、その結果、生まれる子供の数が減るということである。しかもそれが階層によって違う。圧倒的に多いのが小作層である。つまり、小作層はたくさん奉公に出て、帰ってきて結婚するとしてもその年齢がかなり高い。だから小作層の場合、先ほど二十五歳までに結婚しないと十分な跡継ぎができないと述べたが、結婚するときの年齢はもうその線を越えてしまっていて、仮に結婚したとしても跡継ぎが十分にいないという状況に陥ってしまう。

分家と絶家

分家と絶家は具体的にどういうかたちになって現れたのだろうか。統計的には次のように計算する。戸主が交替をする数を分母にし、分子に分家をする数または家が絶えてしまう数を入れ、いろいろな変数をつくってみるのである。その計算の結果、分家をする率は地主がいちばん高いことがわかった。地主では二九・四％が分家を出す。小作の場合は一五・八％であり、小作ではあまり分家をしなかったことになる。地主で分家が多いというのは、それだけ子供の数も多かったということだ。

一方、絶家、つまり跡継ぎがいなかったというケースは、地主の場合はゼロである。つまり戸主が交替しても必ず跡継ぎがいる。自分の子供とは限らず、養子の場合もあるが、とにかく跡継ぎがいる。けれども小作の場合は、三五・〇％は跡継ぎがなく絶家してしまう。地主と小作とでこのように大きな差が出てくる。分家率と絶家率がバランスするのは自小作層であるが、それ以上の層では分家のほうが絶家よりも多く、小作では圧倒的に絶家のほうが多い。

このように、地主層ではたくさん分家を出す。そして分家は必ず出身の層より下層になる。地主の分家は自作、自小作、あるいは小作となり、自作の分家は同じように自小作、あるいは小作となる。こうやって小作層が絶家してしまったあとを埋めていく。このように、小作層は都市へ行ってしまい、そこを上から落ちてきたものが埋めるというダルマ落としのような仕組みができているのである。だから、地理的移動と、社会的移動あるいは階層間移動というものが見事に組み合わさっている。

もう一ついえることは、この村、地域、濃尾地方全体、あるいは京都、大坂、名古屋を中心とする地域全体の人口はそれほど増えていないということである。つまり小作層が都市へ行って、都市は死亡率がひじょうに高いからそこで死んでしまう。そして、そのあとを、あまり出稼ぎをしなかった地主や自作の分家が埋めていくということになっていた。

人口増加と明治維新

このようなメカニズムは、私としては私の発見のなかではいちばん興味深いものである。これは江戸時代の日本社会（江戸時代だけではないかもしれない）をよく説明してくれるものではないだろうかと思っている。

その証拠に、近畿地方（京都、大坂を中心とする山城、大和、摂津、河内、和泉、近江の国）では幕府の全国人口調査の期間、人口が増えていない。また、江戸の周辺、関東地方の人口も増えていない。われわれはなんとなく、江戸、京都、大坂、名古屋では都市人口が多く、その都

階　　層	分家率（%）	絶家率（%）
地　主（持高10石以上）	29.4	0
自　作（持高5〜10石）	16.1	6.5
自小作（持高2〜5石）	12.9	12.9
小　作（持高2石以下）	15.8	35.0
計	17.2	25.0

分家率と絶家率

市に織物や食料物資を生産・供給する地域では、経済が発達し人口が増えていくというふうに思いがちだが、じつはそうではない。江戸時代に人口が増えたのはどこかというと、北陸、西日本など、そういう大都市のなかったところである。人口が増えた西日本には長州藩や薩摩藩があった。その地域が明治維新の主導力になっていったということは、そういう人口増大による圧力があったからかもしれない。ところが、関東地方や近畿地方にはそういう人口圧力がない。人口圧力だけが世の中を動かすとは限らないけれども、明治維新を説明する一つの理由にはなると思う。

　家が絶えてしまったとき、上から分家して落ちてくるというところがまた大事である。地主を考えてみよう。地主の子供のうち、長男はもちろん跡を取ってなすべきことがたくさんある。しかし次男は跡を取らないので、分家をするほかない。あるいは都市へ行ったかもしれないが、分家をすればとにかく居場所がある。分家をする余地がない場合は、九州でよく見られるように、長男の家に一人身のまま住むということになる。すると、ある程度教養はあるのに自分のすることがなく、不満の固まりになってしまうだろう。けれども濃尾地方のような場合は、分家をするので生活の目的がある。たとえば、自分で農業経営を考え、実行しなければならないところに不満の捌《は》け口がある。ところが西南日本のように、大都市がなく出稼ぎに行く場所もないところでは、増えた人口は、することがないというか、自分のもっているものを生かす場所がない。それが不満ということになって、明治維新というところにまで来たのではないか、というように考えられはしないだろうか。

こうした私の濃尾地方の研究を、平成四（一九九二）年に『近世濃尾地方の人口・経済・社会』（創文社）という本にまとめ、平成七年にはそれによって学士院賞を受賞することができた。

四　都市の場合

ここで、都市における人口の様子を見てみよう。江戸や大坂、京都といった大都市では、震災、戦災などがあったため、「宗門改帳」「人別改帳」の残り方があまりよくない（京都・大坂には若干残っているが）。しかし、わずかな史料の検討によっても、ひじょうに面白い事実を知ることができる。

江戸

三大都市のなかでも、いちばん史料がないのが江戸である。江戸の町中の「宗門改帳」の例としては、いまの新宿から四谷に行く、当時の甲州街道に面した四谷塩町一丁目に関するものが、幕末の数年分残っている。そのほかには、わずかに一年分がどこかにあるといった程度でしかない。しかしながら、その内容を見るとなかなか面白いことが書いてある。

たとえば、あるページに生国が伊勢国飯野《いいの》郡中河原《なかがわら》村出身の質屋が出てくるが、その使用人十一人の出身地は、伊勢、伊勢、江戸、伊勢、伊勢、伊勢、伊勢、江戸、伊勢、江戸、伊勢と記載されていて、やはり家主の生まれた伊勢から圧倒的に多く来ていて、あと若干は江戸生まれだというようなことがわかる。

これはいま整理をしている最中で、結果は発表していないが、この史料によって、江戸の住民がどこの出身でどういう職業であり、その家主のところで奉公している人たちがどこから来たのかということがわかる。同じように、私の研究した京都や大坂、あるいは奈良でも出身地がわかる。これはひじょうにありがたいことで、江戸のような大きな都市では、伊勢や越後など数百キロ離れたところからも奉公人が来ていて、京都や大坂の場合は、濃尾平野あるいは岡山くらいの範囲から来ているということ、すなわち、それぞれの都市の労働移動圏がわかる。

このように、都市の「宗門改帳」の分析によって、年齢構造など、その都市の人口構造がわかる。それによれば、都市は、奉公人などとして農村人口の大量流入を受け入れており、彼らの存在によって、都市住民の年齢構造は十五歳から三十歳くらいのところが大きく膨らんでいる。

さらに、奉公人の出身地、何年間その一軒の家にいるかなどということがわかり、なかには手代になる者、ひじょうにまれだがそこで結婚する者もいたということも知ることができる。

京都

私が最初に都市の「宗門改帳」を扱ったのは京都の四条通のもので、そこは東京でいえば銀座とでもいうべき、京都でいちばん賑やかなところであった。史料の初期のころ（十七世紀、元禄のころ）、四条通には当時の人々の娯楽であった楊弓屋があった。客に弓矢を射させる娯楽である。四条通は、鴨川を渡ると祇園があり、突き当たりが八坂神社である。だから人通りも多く、その界隈は一種の遊楽街であったかと思われる。

ところが、時代とともに住んでいる人たちがだんだん変わってくる。十八世紀の後半くらいになると、いわゆる四条派の画家、学者、医師といったインテリ層が住むようになる。史料には出てこないが、有名な絵師である円山応挙は四条通に住んでいたし、応挙の弟子の一人で四条派の祖、呉春の名は「宗門改帳」に出てくる。

さらに最後の時代、十九世紀に入ってくると、こんどは純然たる商人の町になる。たとえば筆屋というような家が出てきて、実際筆を売っていたかどうか、屋号からはわからないが、とにかく商人町ということが明らかになってくる。このように、町がだんだん変わってくるということがよくわかって、ひじょうに面白い。

奈良

奈良では東向北町《ひがしむききたまち》（東向きというのは興福寺に対して東を向いているという意味、いまの近鉄奈良駅の傍にあたる）の「宗門改帳」が幕末の百年分くらい残っている。その史料を用いた研究の結果、農村と比べて都市に特徴的なこととしてひじょうにはっきり出てきたのは、都市の住民が早死にだということであった。

濃尾地方の農村における死亡年齢と比べた結果、濃尾地方では、幼児のころはたくさん死ぬが、十歳過ぎるとあまり死なず、六十から七十歳くらいまで生き延びているのに対し、奈良の場合は、もちろん子供のときにもたくさん死ぬけれども、それから先、濃尾地方ではめったに死なない二十代、三十代、四十代も同じように死んでしまう。簡単にいってしまえばいつ死ぬかわからない、いつ死んでもおかしくないという状況になっている。

このことが、農村の人たちと都市の人たちとのあいだに、死に対する、あるいは人生に対する考え方の差をつくり出すきっかけになり得たのではないかと考える。そういうことが、奈良の「宗門改帳」のようにずっと続いた史料で、しかも年齢が書いてあるとよくわかる。

大坂

大坂にもいくつかの町の史料が残っている。薬品問屋で有名な道修町の隣にある菊屋町の「宗門改帳」は、戦時中疎開して焼失を免れたため、いまでも利用することができる貴重な史料である。この史料はひじょうに長期間のもので、いちばん古いものでは宗門改めが始まったときのものがあり、しかも印刷刊行されているという特色があるのだが、残念ながら年齢が書かれていない。人口学というのは、人間の性（男か女か）と年齢という二つの事項が基礎になって成り立つものであり、その年齢がわからないというのは致命的である。

だからあまりたいした分析はできないが、幸いこの菊屋町の「宗門改帳」には他に例を見ない記載がある。それは、宝暦四（一七五四）年以降、記載されている人物を毎月確認して、毎月毎月その人物がいれば判を押すという作業を行っていることである。新生児のように一年の途中で出てくる者は途中から判が押されるし、死ねばそこで終わる。それによって、何月に生まれて何月に死んだかということがわかるのである。他の「宗門改帳」では宗門改めから次の宗門改めのあいだに生まれて死んだ者についてはよくわからないのに比べ、これはひじょうにありがたい。つまり、この菊屋町の「宗門改帳」には年齢は書かれていないけれども、生まれた子供がどうなったかということは知ることができる。農村の「宗門改帳」にはない乳児死亡についての情報を提供してくれるのである。

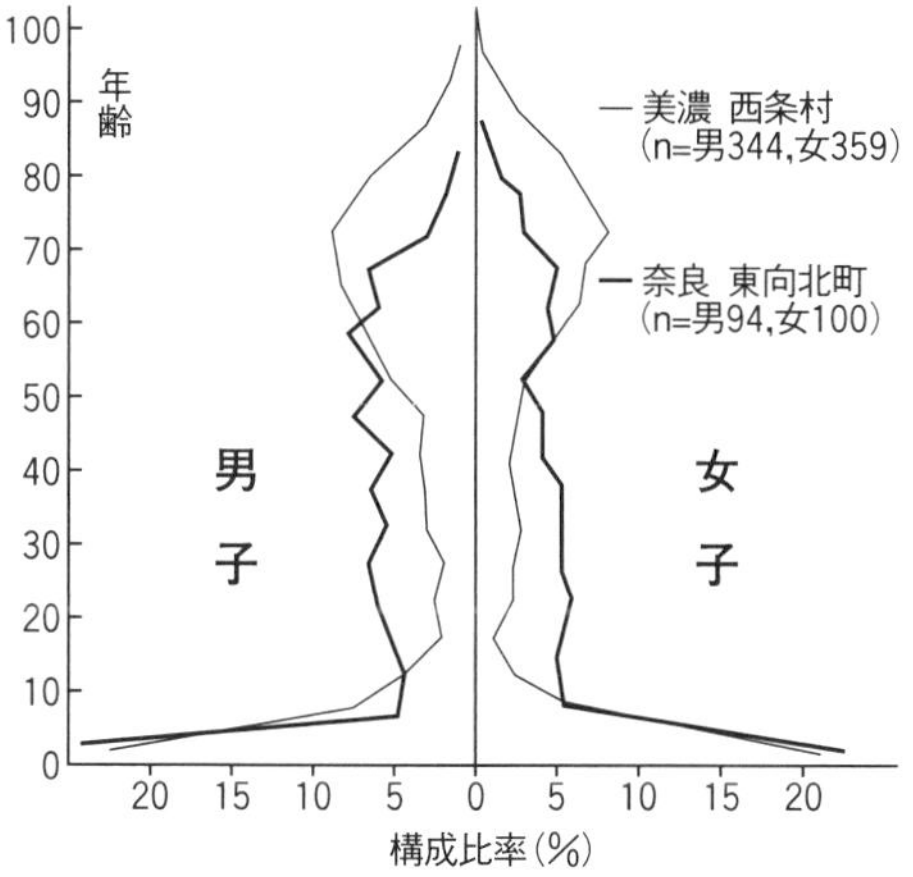

奈良と美濃の死亡年齢分布の比較

具体的にいうと、菊屋町では満一歳未満、つまり生まれてから一年未満に死んだものがだいたい二一〇‰（パーミル、千分率）である。つまり一〇〇〇人のうち二百十人くらいは一年以内に死んでいるという観察結果が出てきた。他の農村の「宗門改帳」からは一歳未満の死亡率は得られないので、私はだいたい二〇〇‰くらいだろうと思い、いろいろな計算をするときに二百という数字を仮に置いてきたが、それとひじょうに近かったことになる。私の仮定がうまく当てはまってくれたことになるが、ほんとうはもっと高かったかもしれない。というのは、この場合少なくとも一か月は生きていなければならないわけで、一か月以内に死んだものを考慮すれば、二一〇‰よりもっと高かったかもしれないのである。

　というのは、明治以降にマクロの統計が登場して、乳幼児の死亡が正確に計算されるようになるが、現在パイロット・スタディを行っている横浜市の場合、ひどいときは三〇〇‰、低いときでも二〇〇‰という数値になっている。つまり千人生まれて、ひどいときは三百人、普通でも二百人は一年以内に死んでいるのである。

　江戸時代の大坂と明治・大正期の横浜とで、どちらが健康であったかということは一概にはいえないが、明治・大正期になれば、もう種痘なども入ってきているし、乳幼児の死亡率は改善されているはずである。母親から子供に感染する結核などの影響で数値が上がっている可能性もあるが、横浜で二百から三百だとすると、江戸時代の大坂菊屋町が二百というのは少し低すぎることになる。だから、数字に表れない、生まれて一か月以内の死亡を加えると、二百五十から三百くらいになっていたかもしれない。

　最近の新聞に、タリバンが支配しているアフガニスタンの乳児死亡率（生まれてから一年以内に死ぬ割合）が一七〇‰だという記事が載っていた。これは国連統計を見ると世界でいちばん高い数値である。現代でもそのように百七十人死ぬ国があるのだから、菊屋町の二百というのは、江戸時代としてはそれほど極端に低いわけでも、高いわけでもない。実際ヨーロッパの

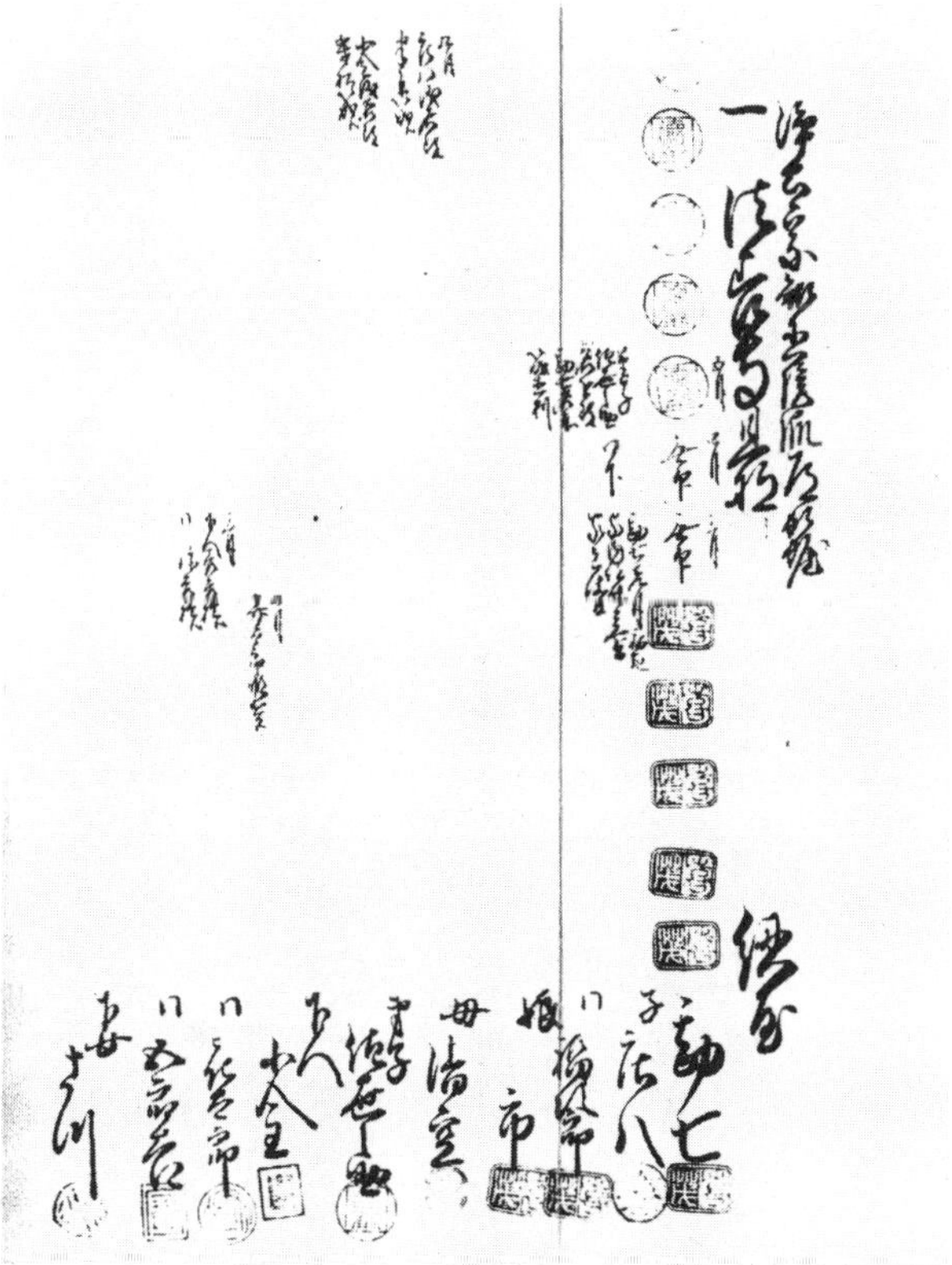

菊屋町の「宗門改帳」（明和元年）。
下端の10月分から上に向かって毎月判を押していく。
ここでは3月・4月の判が押されていない。

場合、十九世紀に近代統計が始まったころの数値で二百から二百五十くらい、これがぐんと低くなってくるのは十九世紀のごく末あたりからのことである。

　このような結果が都市のミクロ史料を扱っていると出てくるのだが、やはり農村に比べて都市の研究事例というのは少ない。京都や大坂、奈良といった比較的大きな都市はいいのだが、おそらく日本に何千とあるだろう、農村とのあいだにある中規模な都市の場合、その研究はほとんど手つかずの状態、一種の空白域になってしまっている。今後はそこを埋めていく作業が必要になってくる。

第五章　明治以降の「人口」を読む

一　明治の人口統計

統計熱の時代

前述したように、明治以前にもマクロの統計史料がないわけではない。幕府の全国人口調査があったし、また、いくつかの藩では領内の総人口を記録した。だから総人口くらいについてであれば統計資料はあるわけだが、より詳しい出生や死亡、結婚、移動に関するマクロのデータというものはなかった。

一方、明治維新以降は（正確には「宗門改帳」が明治四＝一八七一年まで続いたわけだから、明治五年以降は）、ミクロの史料のない状態で歴史人口学をやらなければならなくなる。明治五年に編成された「壬申《じんしん》戸籍」があるが、これには身分が書いてあり、利用が法的に禁止されている。現在の社会状況では、この禁止はやむを得ない。

しかし、マクロの統計になると俄然増えてくる。明治政府は成立当初じつにいろいろな統計をつくった。もちろん人口統計もあるし、経済、教育、貿易、衛生統計など、いろいろな統計が出ていて、いまはその復刻版もあり、利用しやすくなってきた。私はこれを「統計熱の時代」というふうに呼んでいる。なぜ日本、あるいは政府がそんなに一生懸命になって統計をつくったのか疑問に思うほど、ほんとうにいろいろな役所が競争して統計をつくっている。要するに初めて統一国家というのができて、日本全体がどういう状況なのかということを統計を通じて知る、わかってくるということが、彼らにとってひじょうに嬉しかったのであろうし、また政策上も必要だったのであろう。

もちろん初期の統計には間違いが多い。現在の統計でも一〇〇%正しいかというと、必ずしもそうはいえないが、明治初期の統計にはいろいろ間違いがある。しかし、江戸時代にはこの種の統計がまったくないのだから、文句をいってはいられない。たとえば農産統計の場合、日本に七百くらいある郡ごとに、コメをどれだけの面積に蒔いて、どれだけ収穫があって、コメ一石あたりの平均的な価格がいくらであったかがわかると、コメの生産金額が出る。それを全農産物について計算し農家の数で割れば、一農家あたりの生産金額が出てくる。そういうことを他の統計と突き合わせていくと、当時の「民勢」状態がひじょうによくわかる。その作業は現在進行中で、それを地図に表すべく、いろいろ試みている。

『日本全国戸口表』

人口に関しては、明治十二年一月一日調べの『日本全国人口（戸口）表』が初めて作成され（明治十三年発行）、本格的には明治十三年から調査が始まる（『日本全国人口表』）。明治三十一年に『日本帝国人口静態統計』と『日本帝国人口動態統計』ができるまで、この調査は『日本帝国人口表』とか『日本帝国民籍戸口表』とか、いろいろな名前で呼ばれ、試行錯誤が繰り返されていく。

この人口調査は地方から中央に報告された人口をもとになされているが、その報告は、前述した「壬申戸籍」をもとに加除された戸籍簿の記載によっていた。したがって、元になった戸籍の信頼性が問題である。たとえば、誰かがその村から外へ出て、いなくなったとする。合法的に手続きをして出ていけばいいけれども、そうでなく、合法的な手段を何もとらないで出ていく者はいくらでもいる。そうすると、いつまでもそこの戸籍に残ってしまう。その結果、たくさんの「きんさん、ぎんさん」が出てきてしまう。つまり、百十何歳という人が大勢いるというような、あり得ないことになるのである。そのため、せっかくこういう人口表、戸口表はあるけれども、いままで研究者はあまり使ってこなかった。しかし、私のような江戸時代をやってきた者の目からすれば、これはまさに宝の山であって、そういう問題があるということを十分承知して使えばいい。信頼度が低いから使わないというのならば、江戸時代の「宗門改帳」などはもっと信頼度は低いわけで、何も使えず、何もわからないということになってしまう。

おまけにこの時期の人口統計には、ときどきひじょうに面白い調査項目がある。なぜかというと、この時期は調査項目や方法・内容自体揺れ動いていて一貫していないからである。一貫してくるのは『日本帝国人口静態統計』や『動態統計』ができてからであった。

たとえば明治十九年には一月一日調査と十二月三十一日調査の二冊の人口統計が出ているが、十二月三十一日調査のほうの『日本全国民籍戸口表』には、各府県ごとに一歳刻みで、男女別に、結婚しているかしていないかの一覧表が出てくる。まさか一歳で結婚している者などいないわけだが、十五歳くらいになってくると、結婚している者がちらほら出てくる。このような結婚状態のわかる全国統計はそれ以後、全国レベルでは明治四十一年までない。明治四十一年というと、もう民法が公布されているから、結婚の記載に民法が影響してくるのだが、明治十九年というのは民法制定以前だから、このほうがむしろ事実を物語ってくれると私は考えている。

このように各歳ごとに結婚しているかしていないかがわかれば、人口学のほうで、それを使って平均初婚年齢は何歳かという計算ができる（ただし生涯未婚者数がわからないので近接値だが）。その結果を地図に示すと、どの地域で結婚年齢が高いとか低いとかいうことが一目瞭然になる。もちろん、いままでの「宗門改帳」でもこの作業はやれたわけだが、「宗門改帳」の場合は日本全国の地図を描くことはできない。日本のなかで「宗門改帳」のある特定の村（ポイント）についてはやれたのだが、こんどは全県とか、全郡を対象とした面の単位で地図が描けることになった。

『都府名邑戸口表』

また、明治十七年には『都府名邑戸口表』がつくられた。この『都府名邑戸口表』は、当時都市と考えられていたところ（人口九十万人の東京から始まって、なかには人口千人以下のところまで、九百二十七行政単位）の人口を男女別に、それからありがたいことに本籍人口と現住人口を併記して全部記録している。本籍人口というのは戸籍に載っている数。それに対して、本籍人口から出《で》寄留《きりゅう》を引いて入《いり》寄留を足したものが現住人口である。寄留人口というのは本籍地から離れている者の数で、法令上、本籍地から三か月以上離れる場合は必ず寄留届けを出していき、行った先では入寄留の届けを役所に出さなければならなかった。つまり出寄留と入寄留というものがあった。したがって、現住人口といっても紙の上で計算されたもので、いまの国勢調査のように調査員が行って面接して確認したものではない。しかし本籍人口に比べれば現住人口のほうが実際に近いことになる。

本籍人口より現住人口のほうが多いところは、人をたくさん集めていることになるし、逆に現住人口のほうが少ないところは、その都市はむしろ没落しているというか、人を引きつける力を失って、逆に吐き出しているところだということがわかる。このような使い方ができることから、この『都府名邑戸口表』はマクロ史料を使って都市の歴史人口学をやるものにとってありがたい史料となっている。

府県単位の統計書

同じ明治十七年、中央政府は法令を出して、各府県に府県単位の統計書の作成を命じた（ある県ではその前から始まっていた）。たとえば『東京府統計書』とか『神奈川県統計書』とか呼ばれるもので、これがまた面白い。これは府県単位で、郡・市（初めは市ではなくて区といっていた。東京は十五区、京都は二区、大阪は四区、あとの都市は全部一区）ごとの統計が出ている。

たとえば神奈川県だったら横浜区や三浦郡、久良岐郡、鎌倉郡などがあり、東京だったら十五の区と、豊多摩郡や、あとで加わる南多摩郡などいくつかの郡がある。これはひじょうに貴重なデータで、最近、『府県統計書』を使った明治・大正期の人口研究のプロジェクトが始まったところである。そのプロジェクトのパイロット・スタディとして、私が指導する大学院生が神奈川県をとりあげているが、そこでいろいろなことがわかってきた。たとえば、どういう病気が流行して、どれくらい人が死んだかというようなことが郡区ごとにわかるし、ある病気はもっぱら横浜で流行しているとか、ある病気はある特定の郡で流行しているとかがわかる。それから年齢別の死亡数、それも病気別・年齢別の死亡数というようなものさえわかるのである。神奈川県に関しては、女性の年齢別の出生数も書かれているので、合計特殊出生率（TFR）の計算さえ可能である。

原本はほとんどマイクロフィルム化されているが、それをプリントするだけでもたいへんで、まだ全体のうち明治期が終わったところである。明治・大正期の分をプリントして全部コンピューターに入れることはとてもできないから、とりあえず人口に関する項目とか、テーマに沿ってコンピューターに入れていく。この作業がまた時間と労力を要するが、それをやることで、明治・大正期の日本の人口や社会・経済・文化の変動に関する新しい鳥瞰図が描けると考えている。

二　人口統計の確立者・杉亨二

国勢調査の必要性を痛感

ところで、マクロ統計といえば、私の考えでは杉亨二《すぎこうじ》こそ、日本における人口統計の確立者であった。杉は長崎に生まれ、その関係でオランダ語を習って蘭学に長じていたが、早くして親に死なれて苦労をした。とても勉学熱心な人で、大坂にあった緒方洪庵の適塾に入り、そこで一生懸命勉強をして、ますますオランダ語の文献に親しむようになる。その後、彼は幕府の蕃書調所《ばんしょしらべしょ》（オランダ語の本の翻訳をする場所）に職を得て、幕府から禄をもらう身分＝幕臣になり、そこでいろいろなオランダ語の本を読むなかで統計書に出会った。そして彼は、統計がいかに大事か、統計を通じてその国の状態を知るということがいかに重要かを知るようになる。

幕末になり開港されると、オランダ語以外の文献もいろいろと入ってくるようになり、蕃書調所も洋書調所、開成所と名前を変える。そんななかで彼はドイツ語で書かれたバイエルン、ミュンヘン地域の社会統計にぶつかる。彼はそれにいたく感動し、このような統計書をつくらなければいけないと痛感する。ヨーロッパでは国勢調査が行われていて（ヨーロッパではだいたいナポレオン時代以後に各国で国勢調査が行われていた。つまり、日本の明治維新期よりも何十年も前から始まっていたわけだ）、国の様子というのは統計を通じてわかるのであり、国勢調査が必要なのだということを知るのである。

杉がどんなに国勢調査の必要性を痛感しても、江戸時代には実行不可能であった。ところが彼が必要性を感じているうちに明治維新になり、彼が仕える徳川慶喜は静岡藩に移り住んだ。慶喜はそこで悠々自適の生活をすることになったが、杉も慶喜について静岡に移った。

杉の偉いところは、明治維新の最中、五稜郭のあたりでは鉄砲の撃ち合いさえやっているときに、彼が学んだ方法を使って、静岡県下のいくつかの町で国勢調査をやったことである。現在、沼津とその隣の原という二つの町の調査記録が残っているが、それを見ると、江戸時代のものとは違って、身分別などという項目はいっさいなく、そのかわりに職業別であるとか、結婚しているかしていないかとか、われわれにとって決定的に大事な人口統計としての要素が盛り込まれた調査になっている。そのような調査を、彼は早くも明治元年、二年という段階に実施した。

　明治四年ころになると、明治政府もだんだん落ち着いてきて、いろいろな部局ができてくるが、静岡に統計に明るい男がいるということで、大隈重信や渋沢栄一らが推挙して杉を政府に引っ張り、彼に人口統計をつくらせようとした。

　杉はいよいよ人口統計がつくれるというので東京へ出てきたが、政府は例の「壬申戸籍」を使って人口統計をつくれという。けれども杉にしてみれば、戸籍は人口統計ではない。戸籍は、はっきりいえば日本人のアイデンティティーの台帳なのである。おまけに戸籍には、自分の先祖がどうしたとか、身分がどうしたとかということがたくさん書いてある。職業も戸主の職業に限られ、調査時点の職業は書いてあるが、変わった場合は書いていないなど、いろいろ問題がある。それで杉は、これから人口統計は作成できないと怒って静岡に帰ってしまう。静岡で彼は悶々とするが、またも渋沢や大隈の取り持ちにより、もう人口統計はいいから日本全体の統計をつくってくれというので、ふたたび東京に戻り、『政表』の編成を始めた。これはいま

杉亨二

複製本も出ているが、戦前でいえば『日本帝国第×回統計』、いまは『日本統計年鑑』となってずっと続いている、日本全体に関する総合的統計である。

さて、杉は住まいを東京に移し、明六社の設立者の一人になった。明六社というのは、明治のごく初期に東京にいた知識人の集団で、後に国権論者になっていった人、あるいは民権を貫いた人などいろいろな人が参加していた。そのなかで、私は杉が福澤諭吉と出会ったことがひじょうに面白いと思う。福澤と杉というのは似たところがあって、杉が二年遅れで適塾に入るとか、あるいは中津藩の蘭学の先生をするということでずっと同じ道を歩き、ついにこの時点でいっしょになった。福澤の『書翰集』を読むと、福澤は杉に世界中の貨幣の鋳造高や流通量についての調査を依頼しており、杉はその結果を福澤に送っている。福澤はそれを使って、有名な『通貨論』という、当時の一種の経済学書を書いているのである。福澤と杉というのはあるところで共通の考え方をもっていて、両者とも、いわゆる啓蒙思想家であったということができる。

「甲斐国現在人別調」

杉は明治政府の統計編纂をずっと続けたのだが、やはりどうしても国勢調査をやりたかった。しかし政府は、一つは財政的な理由もあっただろうけれども、国勢調査の必要性をそれほど認めなかった。すでに戸籍に基づく人口統計があるのに、さらに人口調査をやる必要があるのかというのである。そこで杉は、とにかく自分の考えを貫くために、パイロット・スタディとして山梨県を対象とした国勢調査を願い出て許可された。そして調査は、明治十二年十二月三十一日現在の『甲斐国現在人別調』というかたちで実行され、結果は印刷刊行された（現在、復刻版も出ている）。この調査は、当時西欧で行われていた国勢調査と同じやりかたで行われ、予め各世帯に世帯表を配っておいて書き込ませ、後日よく訓練した調査員を派遣してそれを回収する方法をとっている。

その調査項目は戸籍とは違っていて、年齢、結婚の有無、職業、それから家族員の職業などであった。われわれにとって大事なのが家族の職業で、戸主の職業は他の調査でも調べられているが、家族がどれくらい職についているかということは、この調査以外では知ることはできない。明治十二年末に『甲斐国現在人別調』をやった杉は、世帯票を東京にもってきて、それをいろいろ分類したり、計算したりして（もちろん当時は計算機などない時代）一冊の本にしていったが、作業に二年くらいかかり、結局、明治十五年になって印刷刊行された。

ところが明治十四年に大きな政変があった。要するに薩長閥が大部分のポジションを占めてしまって、それ以外、たとえば佐賀出身の大隈とか、あるいは薩長以外の渋沢とかは政府から追い出されてしまった。杉をサポートしていたのは大隈や渋沢だったので、彼をサポートしてくれる者がいなくなってしまったわけである。大得意になって調査から帰ってきたら、もう彼をサポートしてくれる者はいず、杉のいた統計院も潰されかかって、杉一人しかいないというような状態にすらなってしまったのである。

共立統計学校

そこで杉は決心して、明治十八年に政府を辞めてしまう。まだ、というか、もう、というか、当時彼は五十代。だから辞めて隠居してもいい年齢だったともいえる。そして、辞めるすこし前の明治十六年、共立統計学校をつくった。これにもやはり渋沢あたりの応援があったのだろうと思うが、国立ではない私立の組織である。そこで統計教育をやるのだが、これがあとでひじょうに大きな意味をもつ。そのとき杉の講義を聴いた学生のノートが一橋大学に残っているが、そのノートによって、杉が授業で使った教科書を調べてみると、ドイツ・ミュンヘンで教えていたハウスホーファー（Haushofer）という人の統計学の教科書であった。

二〇〇〇年八月にドイツで「十九世紀ドイツ統計学の影響」というテーマの学会があって、私は杉を取り上げ、彼がハウスホーファーという人の本をテキストにしたという話をした。ところが誰もハウスホーファーを知らない。調べてみると、ハウスホーファーというのは学者というよりはむしろ啓蒙思想家で、スイスの山を題材にした小説を書いたり、詩を書いたりした人物だった。逆にいうと、彼が啓蒙思想家で、あまり難しいことは書いていないことが杉にはよかったし、初めて統計学を学ぶ日本人にとっても、あまり理論的で数式が出てきて難しいものよりは、ハウスホーファーあたりでまず訓練をして、それから入っていくのがよかったのではないかと思う。

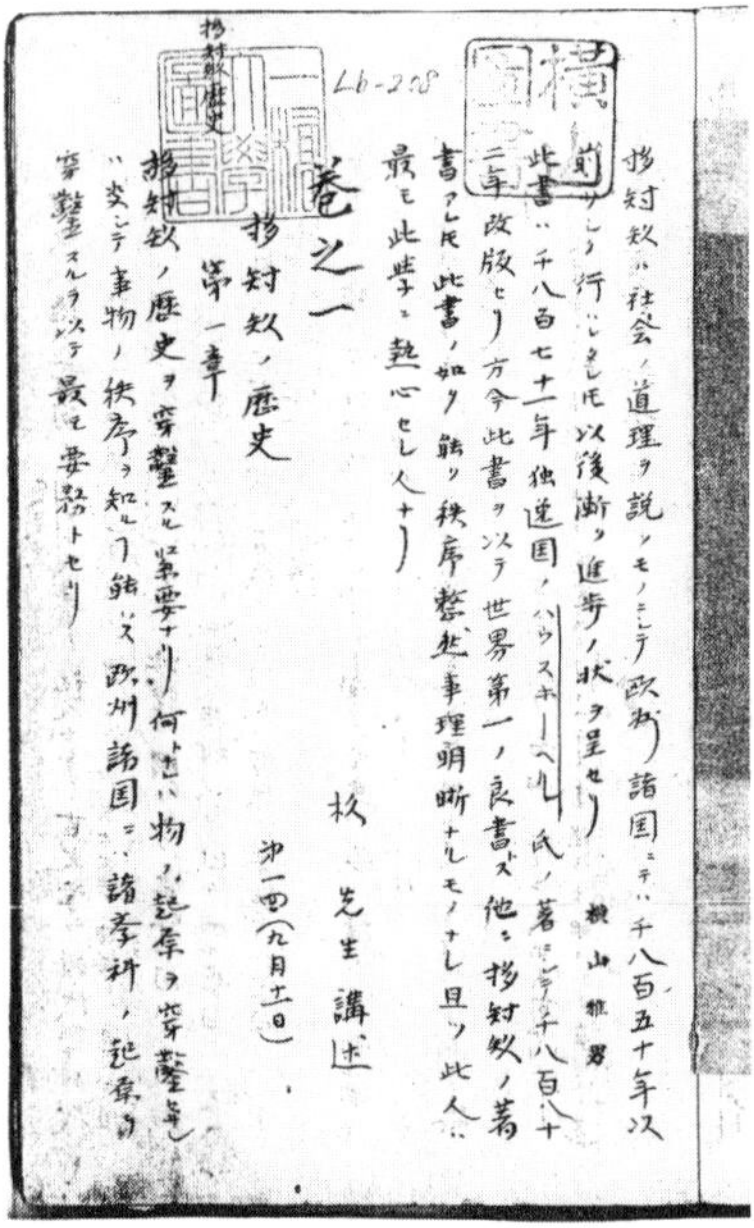

杉の講義を筆記したノート（一橋大学所蔵）

杉は統計学校ができる前からボランティアで何人か人を集めて教えていたようだが、学校をつくってからは、ハウスホーファーのテキストを基に教育を行った。ところが明治十六年から十八年という時代は、十四年に始まる松方デフレの時期であり、不景気の最中だった。そのため資金が集まらず財政難に陥り、学校を続けていくことができなくなり、彼の統計学校はわずか二、三年という短命に終わってしまった。しかし幸いなことに、われわれにはそこで誰が学んだのかという記録を見ることができる。誰が卒業したのか、優等生は誰かというところまでわかるのである。

万国国勢調査と臨時台湾戸口調査

一八九五年ころ、一九〇〇年に世界中で人口調査、国勢調査をいっせいにやろうということが国際統計学研究会で決まる。そのことが日本にも伝えられ、日本でもぜひやってほしいということになった。日本政府もそうまでいわれてノーともいえず、やろうということになるのだが、やはり一九〇〇年には間に合わなかった。なぜかというと、国勢調査は調査員を訓練して、それは何かということを国民にわかるようにして、世帯表を配って回収する。そうすることで正確に世帯票が記入されることが前提になっている。いまでも、調査員が書かれていることを他に漏らすのではないかとかいろいろいわれるが、もちろんそういうことがあってはいけないし、それでは協力が得られなくなる。結局、そうしたことを準備するのに時間が不足し、間に合わなかった。

それではというので、国勢調査というのは五年おきだから、次の一九〇五年にやろうということになり、当時すでに貴族院・衆議院としてできていた議会のなかに国勢調査のための委員会までつくった。ところが、一九〇五年の前年、一九〇四年には日露戦争が勃発する。緊迫した状況のなかで、国勢調査をやるカネで軍艦の一隻もできるということになってしまい、今回も国勢調査は流れてしまった。こうして、一九〇〇年と一九〇五年、さらには一九一〇年の調査も実施できずに終わってしまう。

ところが、一九〇五年に、日清戦争の結果日本領土になった台湾で戸口調査をやろうということになった。ちょうど八月から九月にかけてアメリカのポーツマスで日露戦争の講和会議が開かれている時期である。その「臨時台湾戸口調査」を指揮したのは民政長官の後藤新平であった。日露戦争のときの台湾総督府長官は児玉源太郎であるが、児玉は大山巌の満州軍の総参謀長となり、台湾の民政は後藤に任せて、現職のままそちらへ行ってしまっていた。そこで後藤新平が（児玉から任されたかどうかわからないが）台湾で戸口調査をやることになり、その作業を実際に担当したのが杉のつくった統計学校の卒業生たちだった。調査報告書に出てくる名前と統計学校の卒業者名簿とを見比べてみると、七人のうち五人が卒業生で、臨時台湾戸口調査は、実際には杉のつくった学校の卒業生が実施したものといって間違いない。

なぜこの調査が大事かというと、一つは初めて日本人が行った近代国勢調査であるということ。もう一つは、世界初の中国人社会を対象にした国勢調査であり、信頼度も高いということである。もちろんこの調査は日本人がやったものだけれども、対象となった場所は台湾であって、調査対象の圧倒的多数は中国人だったのである。

　この調査は杉の弟子たちがやったものであり、杉はこれにいろいろ助言を与えたかもしれないが、公式には記録に残っていない。杉は学士院会員だったので、『学士院会報』を読むと、第二回の調査をどうするかとかいうことを彼はいっているが、直接臨時台湾戸口調査との関わりについては触れていない。

　日露戦争は、杉にあまりいい思い出を残さなかったようである。彼は何人かの子供をもっていたが、一人は戦死したし、もう一人は、少し前のことになるが、フランスでつくった巡洋艦「畝傍」の回航要員として、日本へくる途中に忽然と消えてしまった同艦と運命を共にしている（明治十九年）。こうして男の子を二人亡くした上に、晩年は視力を失ってしまう。若いときに行灯や暗い電灯の下であまり勉強をしすぎたため、ほとんど盲目に近い状態になってしまうのである。

明治三十八年
臨時臺灣
戸口調査集計原表
（全島之部）
臨時臺灣戸口調査部
明治四十年刊行

『臨時台湾戸口調査集計原表』

　杉が亡くなるのは大正六（一九一七）年で、九十歳まで生きていた。日露戦争から十五年近く生きたわけだが、ときどき出ていって講演をするといった程度で余生を送ったようである。もちろん杉の功績は認められて勲二等に叙せられているが、私は、自ら戸籍によらない統計をつくり、さらに国勢調査を実施する人たちを育てた杉という人物は、もっと認められていいのではないかと思っている。

花房直三郎と『日本帝国人口静態・動態統計』

杉に代わって明治三十年代以降人口統計をつくったのは花房直三郎である。彼は花房義質《よしもと》――明治の初期に公使として韓国とのあいだの外交交渉を行った外交官――の弟で、岡山藩士出身であった。国勢調査をやるというので内閣直属の統計局がふたたび設置され、花房が局長になった。ところが先述の事情で国勢調査はやれなかったので、そのかわりに『日本帝国人口静態統計』『日本帝国人口動態統計』を編纂した。

静態というのは、その年どういう状態であったか、年齢別構成はどうか、結婚しているものはどれくらいいるか、などの記録であり、動態というのは、その人口を動かすような出生、死亡、結婚、移動に関する統計である。『静態統計』は明治三十一年に始まって、五年ごとに三十六年、四十一年、大正二年、七年というふうに続き、さらに国勢調査になっていく。『動態統計』は毎年の人口動態で、明治三十二年に始まって、いまだに毎年続いている。しかもこの統計は初めのころ、フランス語と日本語の両方で書かれていた。

　この記録はひじょうにありがたいのだが、いかんせん基になる数字が戸籍からのものである。戸籍に入寄留、出寄留を加えたり引いたりして出した現住人口で、国勢調査の数字とは違う。年によってはさらに警察署調べの人口まで収められている。三種類の人口があったことになる。だから花房のやったことは毀誉褒貶相半ばするといえるだろう。彼は、彼が思い切って強く国勢調査を主張していれば実現できたかもしれないのに、やれなかった。結局これは一種の妥協だった。

　それでもこの統計は有用である。明治の三十年代というのはヨーロッパでも病気に対する研究がひじょうに盛んになっていて、たとえばドイツのコッホがコレラ菌や結核菌を発見し、日本から行った北里柴三郎なども活躍し、破傷風やジフテリアの血清療法なども発見される、といった時代であった。この統計には、そういういろいろな病気による罹患者とか死亡者が出てくる。仮にその人口の数値が多少怪しくても、ずっと追っていくと、死亡率がどう上がりどう下がったのかということが大摑みにはわかるので、ありがたい統計である。

三　近代化と病気

撲滅された疱瘡・コレラ

これまでに神奈川県のパイロット・スタディから出てきた結果によれば、疱瘡は明治期のうちにほとんど撲滅されている。それ以前から種痘が行われてはいたが、明治四十三年以降は、生まれてから六か月以内、それから十歳のときと、きちんと二回行うようになった。そして、善感、不善感、痘苗がちゃんとつくかつかないかを見て、つかなかったらもう一度やるというふうに、どこまでも徹底してやったため、明治四十一、二年ころに小流行があって以降はほとんどなくなってしまった。

コレラにもいろいろな種類があるなかで、真性コレラはほとんどなくなってしまった。コレラの大流行は江戸時代以来何回かあったが、明治十九年に大流行して、神奈川県でも何千人という死者が出た。そのあともだいたい五年おきくらいに流行の波があるが、日清戦争のときに中国から帰ってきた兵士が持ち込んできたのが最後で、それ以降はほとんどなくなっている。疱瘡も罹患者の死亡率は三〇%以上だが、かつてはコレラとかペストというのは罹ると死ぬ率が七〇%程度とひじょうに高いことで怖がられていた。

ペストについては、どうやって撲滅作戦をやったかというと、一匹五銭でネズミを地方行政機関が買いつけた。それは、ネズミに付着しているノミがペスト菌を人間にもってくるということがわかったからである。しかし、私も覚えているが、戦前の日本の家というのはたいてい天井裏にネズミがいて、がさごそと走り回る音がどこでもしたものである。だから、ほんとにどこまで撲滅が成功したのかどうかわからないけれども、ペストはもともとそれほど多くなかったこともあり、ほとんど発生しないようになった。

撲滅できなかった病気

しかし逆に残ってしまったり、あまり撲滅できなかった病気もある。伝染病では腸チフスや赤痢である。しかし、撲滅はできなかったが、それほど数は多くなかったし、罹患者の死亡率もそれほど高くはなかった。おまけにこれらはローカルな病気で、ある地域、たとえば神奈川県をとると、愛甲郡や津久井郡などで、ある年にとつぜん流行するというようなかたちで現れただけであった。

　また、脚気は当時、流行病と考えられていた。海軍の場合、かつて遠洋航海をすると脚気患者がたくさん出ていたが、ムギ飯やパンを食べさせると患者は出ないということを経験的に知り、それ以来海軍では兵食をムギ飯ないしはパン食にした。もっとも、いまではみなパンを食べるが、明治期に農村から徴兵されて海軍に入った人たちにいきなりパンを食べろといっても食べられず、みな海に捨ててしまい、カモメがよって来て、捨てたパンに群がった、というようなことが記録されている。ともあれそういうわけで、海軍ではほとんど脚気患者は出なくなった。

問題は陸軍だった。陸軍は海軍のようには考えず、兵食を変えるどころか、逆に白米を主食にしてしまった。つまり、陸軍に入れば美味しい白米を腹いっぱい食べられるということをダシにして、徴兵を行ったのである。白米を腹いっぱい食べるというのは、江戸時代以来続いている、日本人の一般庶民の食生活におけるいちばんの贅沢であった。だから陸軍はそれをずっとやった。ところが白米は、栄養分をわざわざ捨ててしまっていてビタミンBがない。そのために脚気患者がたくさん出る結果となった。日清戦争のとき、戦場で戦死した者わずか千人余りに対し、脚気で死んだ者が五千人で、いかに脚気による死亡が多かったかがわかる。それでも兵食を変えようとしなかった（海軍は日清戦争のときに、すでにムギ飯だった）。そのときの陸軍軍医総監が森鷗外なのである。

陸軍の白米、海軍のムギ飯は日露戦争になってもまだ続き、論争が行われた。乃木第三軍の旅順攻撃を評した外国人は、「日本兵は酔っぱらったようにフラフラしながら突撃してくる」と言っている。じつは脚気にやられていたのである。奉天会戦が行われた明治三十八年の三月ころになって、陸軍もやっと白米ではだめだということに気がつくのである。それは、たまたま白米の輸送がうまくいかなくて、現地でコーリャンや、アワ、キビ、ムギなどを食べた部隊から脚気患者が出なかったことから、やはり兵食に原因があるのだということがわかり、日露戦争も終わるころになって、ようやく陸軍も兵食を変えた。ちなみに、海軍でムギ飯を主張した人は、高木兼寛という慈恵医大の設立者であった。このように、明治期のうちに、日本人の脚気は白米食によるものだということがわかり、ちょうどビタミンBの発見もあって、脚気による死亡は大正期にはほとんどなくなった（坂内正『鷗外最大の悲劇』新潮選書、二〇〇一年）。

チフス、赤痢とともにもう一つなくならなかったのがジフテリアである。これが案外多く、戦後までずっと残った。とくに一、二歳くらいの子供が罹るものなので、これには予防注射をするしかなく、戦後の昭和二十三年から予防接種を実施するようになって、やっとなくなった。

近代化と共に増加した結核

逆に、近代化・工業化とともに増えた病気に結核がある。はっきり統計の上に結核というかたちで載ってくるのはかなりあとになり、初めのうちは統計では呼吸器病のうちの肺病に含まれていた。肺病というのは文字通り肺の病で、いまの肺炎も入るし、結核も入っていた。結核菌というものがわかってから、ようやく結核を分離するようになり、肺結核、腸結核などと分類されるようになった。

明治の四十年代になると、肺結核による死亡が大きな社会問題になってきた。というのは、紡績関係の会社の寄宿舎に女工たちが住み、粗末な食事に長時間労働という貧しい生活水準でたくさんの者が病気になった。神奈川県の記録を読むと、ある紡績会社では三千人くらい女工がいて、ほとんどが寄宿舎に入っていたが、そのうち二％近い五、六十人がそこで死んでいる。二十代というのはいちばん死ににくい年齢であるから、この年齢の死亡率としてはひじょうに高い数値である。死ななかった者も病気が理由で解雇されて出身地に帰り、そこで結核を家族や周囲にまき散らした。結核患者の咳、痰のなかに結核菌があって、空気伝染によって拡がったわけで、神奈川県の統計を見ると、横浜市よりむしろ郡部のほうが結核罹患率が高く、死亡者も多い。つまり、女工たちが郡部から出てきて寄宿舎生活をし、病気になって帰り伝染させてしまうという悪循環があったのだろう。

日本の場合、多少でも女子や子供の深夜業を制限あるいは禁止する法令、つまり工場法が出たのは明治四十四年のことである。そのころ女工がいかにひどい目に遭っているかを報告書に書いたのが石原修である。それによると、工場で働いている者が千人いるとすると、罹患した者は千何十人と千人より多くなっている。なぜなら、罹患していったん診療をうけ、よくなって工場に戻ってくる、ところが再発してまた診療に来る、ということを繰り返していたからである。だから延べ人数になると千人を越えてしまうのである。

結核は日本でも欧米でも文学的に美化された。結核患者はたしかに痩せていて、女性は綺麗に見えるし、日本だと堀辰雄の文学に見られるように、一種のロマンティシズムと結びついてくる。日本でほんとうに結核がなくなるのは戦後、抗生物質が使われるようになってからである。そこで決定的に減るのだが、昭和前期でさえまだサナトリウムや療養所がたくさんあった。それが抗生物質の利用で一挙に変わった。そのような状況も『動態統計』から見えてくる。

そういう病気があったにもかかわらず、明治・大正期の日本の人口は等比級数的に増大していった。明治になったときの日本の人口は、二千五百万人くらい。日清戦争のときが四千万人くらい。それが関東大震災のころには五千数百万人。昭和十（一九三五）年ごろには七千万人を越えるくらい、とずっと増えていく。約七十年間で二倍だから、ならして年間一％の割合で増え続けたことになる。

日本の「人口転換」

近代以前の社会の、出生率も死亡率も高い状態から、出生率も死亡率も低い、いまの日本のような状況に変わっていくことを「人口転換」と呼んでいる。英語でいえばデモグラフィック・トランジション。したがって、正確には転換というよりは徐々に変化をする、推移というふうに考えないといけない。明治期というのは、長期的に見て死亡率が下がりだす、まさに日本の「人口転換」の時期だった。都市ではかなり早く、東北ではかなり遅いなど地域差はあるが、だいたい明治中期から死亡率は下がりだしている。

もちろんときどきコレラが流行したり、天然痘が流行したりすると、死亡率は一時的に上がるが、長期的に見るとだんだん下がっていた。ところが神奈川県の場合（神奈川県だけでないと思うが）、大正五年あたりから死亡率が上がり出す。とくに大正七年、八年あたりにかなり高くなる。九年、十年は少し下がって、十二年には関東大震災ではね上がる（震災は例外であろうが）。大正十三、十四、十五年と下がっていくが、それでも明治期よりまだ高い。死亡率は現実的にも理論的にもなかなか下がらないもので、それで最近の議論では、死亡率というのはいろいろな外性要因、たとえば病気とか震災で変動するから、「人口転換」を考える場合は出生率だけでいいという見方もあるくらいである。出生率の低下はだいたい大正末年からであるが、本格的には戦後のベビーブームが過ぎてからであった。

私は、長期的に見れば、相互に独立してこそいるが、近代化の結果出生率も死亡率も下がっているとすべきだと思う。途中で高くなるときもあるし、現在の発展途上国のように、なかなか出生率が下がらないこともあるが、死亡率は結局下がる。この差が結局人口増大になるのであり、ときには人口爆発と呼ぶほど人口が急増する国もあるが、そういう発展途上国でも現在の出生率は若干下降気味である。中国のように、一人っ子政策で出生率低下を強引に政策で行う国もあるし、インドのように教育を通じてやろうというところもある。インドでは出生率がなかなか下がらなかったのが、最近になって効果が出てきて、やや下がり気味になってきた。だから長期的に見るならば（長期というのは百年くらいの単位）、「人口転換」というのはやはりあるので、人類の何千年という歴史のなかで一つの大きなモメントになるのではなかろうか。

大正高死亡率危機

それにしても、大正五年に死亡率が少し上がり、七年、八年と急に上がってしまって、明治期にせっかく下がった死亡率が一挙に元へ戻ってしまったのはなぜなのだろうか。結核だけでそんなに高くなるのだろうかという疑問が生ずる。『神奈川県統計書』などで年齢別、地域別に見てみると、どの年齢でも死亡率が上がっている。

歴史人口学で、出生率よりも死亡率のほうが高いような時期を高死亡率危機（mortality crisis）という。日本でいえば天明の飢饉の時期とか、天保の飢饉の時期というのがその時期である。ヨーロッパでもペストが流行した十四世紀には、人口の三分の一くらいは死んでしまったといわれている。十七世紀にも人口が減って「十七世紀危機」という言葉があるくらいである。そういう時期がほんとうの高死亡率危機だが、私はあえてこの大正中期を「大正高死亡率危機」と呼んでもいいだろうと思う。というのは、いくつかの病気が撲滅され、近代的な病院もでき、水道、ガス、電気などの設備もできて、明治以来死亡率は下がってきていて、その傾向はずっと続くはずだったのが、急に上昇に転じたからである。

スペイン風邪

ごく最近やっとわかったのだが、もう一つの大正中期の死亡率上昇の原因はインフルエンザ、俗にいうスペイン風邪の流行によるものだった。このインフルエンザは、はっきりした記録では一九一七年にヨーロッパで発生した。当時のヨーロッパはいうまでもなく第一次世界大戦のまっ最中。西部戦線で優勢なドイツ軍が最後の攻撃をしようとして、将校が「突貫！」と号令したが、兵隊は立ち上がれなかったという。みなインフルエンザに罹っていたのである。だから、ルーデンドルフというドイツ軍の司令官に、ドイツが負けたのは軍事的に負けたのではない、インフルエンザにやられたのだという有名な言葉がある（ピート・デイヴィス『四千万人を殺したインフルエンザ』高橋健次訳、文藝春秋、一九九九年）。

そのインフルエンザがいつ、どこから日本に来て、何人死亡したのかということは、わかっていない。しかし、『府県統計書』を使った研究をすればはっきりするかもしれない。そうするとどの地域で死亡率が上がってくるかが月別にわかるから、どこから拡がっていったかがわかるであろう。日本では三十八万人死んだといわれているが、日本の当時の人口からすると、三十八万人死んでも人口は減ったわけではない。当時、日本全国の死亡者はだいたい百万人くらいで、百五十万人以上生まれているから、三十八万人減ってもまだ出生数のほうが多かったことになる。だから人口が減るところまではいかなかったが、ずっと増えてきた勢いが、ここで足踏みをしたということはいえるのである。

インフルエンザの流行の終わった一九二〇年という年が、偶然だが、日本の第一回国勢調査の年であった。そこからあと人口は正確な数字になってくるので、もう歴史人口学の出番ではなくなる。

第六章　歴史人口学の「今」と「これから」

一　世界の現状

イギリス

イギリスの場合、一九六五年にケンブリッジ・グループという研究グループができ、ラスレット、リグリィ、スコフィールドの三人が、政府から莫大な研究費を得たグループの人口研究を引っ張ってきた。このうち、リグリィとスコフィールドの二人が中心となって、一九八一年と九七年に『イングランド人口史』という二冊の、決定版とでもいうべき研究成果を出版した。今後この水準を抜くのはひじょうに難しいだろうと思う内容である。

　これはイングランドとウェールズ中の四百以上の教区の「教区簿冊」を使った研究と、その四百からとくに質のいい二十六の教区を選んでサンプリングをした研究とからなっており、ミクロの史料といっても、出てきた結果はマクロといってもいい。これによって、一つや二つの教区を研究する意味が吹っ飛んでしまった。

　彼らがやり残したところは都市である。日本の研究者によるヨークシャーの都市リーズの歴史人口学研究があるが（安元稔『イギリスの人口と経済発展――歴史人口学的接近』ミネルヴァ書房、一九八二年）、とくにロンドンなどの大都市は人口の移動が激しいので、なかなか「教区簿冊」で出生から死亡まで追えないという問題点がある。今後、人口の多い大都市（イギリスの場合、巨大都市にあたるのはロンドン。産業革命以前はロンドンに次ぐ都市というのは、人口数万の小さなものになる）に関する研究が出てくる可能性はあるが、おそらくリグリィ、スコフィールドの水準を抜くようなものにはならないだろう。

フランス

事情はフランスも同様である。フランスにはルイ・アンリによって歴史人口学が成立したという国際的な名誉があるので、ルイ・アンリ以後二十年間くらいは歴史人口学の研究がひじょうに盛んだった。一人の研究者が数年でいくつかの教区の記録をまとめることができるから、それが学位論文にもなり、教区単位の研究が進んだ。盛んに研究が行われ、歴史人口学会が創立され、論文・著書もいくつか出ている。

ところが、ここでも史料にアクセスできるところ、とくに村の研究はだいたい出尽くしてしまった。イギリス同様、現在は新しいものは出てきていない。これも今後出てくるとすれば都市または辺境地域の研究になるのではないだろうか。

このように、ヨーロッパで歴史人口学を生んだフランスや、ただちにそれに対応して大きな研究組織をつくったイギリスでは、一種の成熟期を迎えており、ルイ・アンリを第一段階とすれば、第二段階に到達して、次の段階への準備過程にあるという印象を受ける。

周辺に拡がりつつある歴史人口学研究

二十一世紀初頭の世界における歴史人口学研究は、かつて中核となっていたイギリス、フランスからだんだんその周辺へと拡がっていっている。スカンジナビア諸国、ドイツ、オランダ、ベルギー、イタリア、スペイン、ポルトガル、それに最近ではロシアの記録も利用できるようになった。

アジアでは、日本と中国が断然抜きんでていて、それを韓国が追っているという状況である。もう一つの人口大国のインドはミクロ史料があまりなく、国勢調査を使って行う研究が主流になっている。インドではイギリスの植民地時代にすでに国勢調査が行われていた。アジアのなかでもっとも早く国勢調査があった国なのである。ただ、その史料の信頼性と、使う史料がミクロではなくてマクロに限定されているという問題がある。

またアメリカの研究者が、人口学・統計学の方法を駆使して各地の研究を進めている。

各国のミクロ史料

フランス・イギリスの「教区簿冊」や日本の「宗門改帳」のほかに、他の国にはどのようなミクロ史料があるのだろうか。

　たとえば中国の場合、中国東北部遼寧省における、十八世紀の中ごろから辛亥革命（一九一一年）までほぼ百五、六十年間の人口調査簿（戸口冊）がある。なぜその調査が遼寧省で行われたかというと、遼寧省というのは、清朝の創立者であるヌルハチが出たところであり、清朝の近衛師団にあたる軍隊は遼寧省からリクルートした。そのために人口調査が必要だったのである。三年に一回調査し、それをもとに、何歳の男性を何人出せということで軍隊を編成して北京へ呼び、皇帝直属の軍隊を編成した。

　これは旧満州の史料であるが、旧満州時代の日本人はその存在にまったく気がつかなかった。ところが戦後、そういう調査があったことを知った中国系のアメリカ人が遼寧省の文書館へ行き、埃にまみれた約五千冊に達する人口史料を発見したのである。その研究結果は現在、著書になって出ている。ただ、この史料は三年に一回の調査であり、しかも移動について書かれていないので、その限りでは価値は制約されてしまう。移動がまったくない社会だったらそれでいいだろうが、日本の史料などを見るとかなり移動しているから、移動が書かれていないというのは弱みである。もちろんヨーロッパの「教区簿冊」にも移動は書かれていない。その教区に生まれ、その教区で結婚し、その教区で死んだ者でないと、生まれてから死ぬまでを追いかけられない。途中で出ていったり、途中から入ってきてもわからないのである。ところが日本は、途中で出ていった者も、途中から入ってきた者も、みな書かれているわけで、そういう点でも日本の史料がいかにすぐれているかということがわかる。

李朝朝鮮も戸籍簿を作った。三年に一回であるが、新聞紙くらいある大きく厚い紙に墨痕鮮やかに記されている。その目的は、両班身分の確定、夫役徴発の台帳作成であった。祖先についての記述が詳細で、儒教イデオロギーが貫かれている。

また、ドイツはどうだったか。たくさんの小国が統一されてドイツという国ができたのは日本の明治維新のころである。それで、イギリスではヘンリー八世が一五三八年に命令を出して「教区簿冊」を整えさせたし、フランスでは一六六〇年代以降王の命令で記録が整えられているが、小国が乱立していたドイツでは、それは無理だった。したがって一九〇〇年以前の史料となると、ひじょうに少ないといっていい。

ただしドイツにはユニークな史料がある。それはナチスの時代に、それぞれのドイツ人の先祖にユダヤの血が入っているかいないかを調査した記録、つまり家系・系図のようなものである。ドイツ人の研究者はこれを使うことを好まないけれども、ドイツ系のアメリカ人が、ドイツのいくつかの村のそういう系図を使って、歴史人口学の史料にしている。それを見ると、ドイツでは出生率がかなり高かったということがわかる。

この史料はナチス時代の反ユダヤ主義の産物である。日本の反キリスト教政策の産物である生まれるわけだ。

トルコにも人口史料が残っている。トルコはもちろんイスラム教国だが、トルコのイスラム教は他宗教に対して寛容で、イスラム教徒ばかりではなくて、キリスト教徒でも、ユダヤ教徒でも記録に残している。イスラム教徒にとってほんとうの異教徒というのはわれわれ仏教徒であって、キリスト教徒やユダヤ教徒というのは先祖は同じであるという姿勢である。だから戸籍調査でもそれぞれの信ずる宗教を堂々と書いてあって、人口の何％はキリスト教徒で、何％はユダヤ教徒なのかということがわかる。これも面白い結果が出ている。

ＥＡＰプロジェクト

私は平成七（一九九五）年にＥＡＰプロジェクト（ユーラシア人口家族史研究プロジェクト）という国際研究組織を立ち上げて、イギリス、フランス以外の日本、中国、イタリア、ベルギー、スウェーデンの五か国を対象にして研究を行った。

このプロジェクトの目標は、イギリスやフランスではあまり使われてこなかった住民台帳型の史料を使った研究を行うことにあった。住民台帳型の史料とは、日本でいえば「宗門改帳」のような史料である。そこには家族あるいは世帯を単位として、その世帯を構成する者の名前、戸主との関係、年齢が書いてあり、変動があればその変動（いつ生まれた、いつ死んだ、どういう理由で減った、増えた）も書いてある。この五か国を選んだのも、これらの国の社会には、かたちは多少違うが、そういう材料があるからで、平成六年一年間の準備期間を経て、平成七年から十二年の三月まで、アメリカの研究者を含め大きな研究プロジェクトを展開した。

この種の研究では、なかなか予定のタイムスケジュール通りには結果を出せない。最初予期しなかったようないろいろな問題が途中で発生するからである。日本の例でいえば、大きな問題として、古文書が読める人がひじょうに少ないことが支障となったし、プライバシーにかかわることから、この種の史料をデータベース化してみんなが使えるようにする場合に、持ち主の許可を得るのが難しいことなどが生じた。そういう問題というのは、初めはあまり予想もしておらず、予想していてもクリアできるだろうと思っていたのである。

日本でも国外でもこのプロジェクトによる論文はたくさん出たが、ほんとうの研究著書（モノグラフ）はまだ出ていない。たぶん二〇〇二年から二〇〇三年にかけて、二冊か三冊くらいは出てくると思うが、そもそもこうしたプロジェクトの場合、展開した期間の五年の間に著書が出るというものではない。この点は自然科学系の場合と違うと思う。自然科学はきちんと研究計画を立て、ある期間を置いて、その間に論文の形で結果を出すことが通例であるが、文科系の場合は要するに時間がかかるのである。

ＥＡＰプロジェクトの特徴

このプロジェクトの特徴は、住民台帳型の史料を利用したということと、高度な人口学や統計学の方法を適用したということである。

住民台帳型の史料を使う利点は、同じ場所について何年も、理想的には百年、二百年という長期間にわたって続いている史料に出てくる個人個人の、生まれてから死ぬまで、少なくとも史料に登場してから消え去るまでをずっと追っていくことで、いわゆるライフヒストリーともいうべきものが追えるというところにある。

その間に起こったこと――彼あるいは彼女が何歳のときに結婚した、いつ子供が生まれた、どこかに奉公に出た、戸主になった、未亡人になったなど、本人に関すること、あるいはいっしょに住んでいる家族の誰か、たとえば自分の親が死んだなど――を全部記録していくのである。そして、そういうライフヒストリーを土台にして、そこに登場する人々の生涯を追う。これはやはりイギリス、フランスの教会記録を使った研究ではできない。

そこに適用できる人口学、統計学の方法に、イベント・ヒストリー・アナリシスというものがある。イベント・ヒストリーというのは事件史だが、これは歴史学ではなくて生物学で用いられている概念である。つまり発生からいろいろな成長を経て、ある生物（個体）が死滅するまでを追う。生まれてから何年後にはどうなる、といった分析をする。これがイベント・ヒストリー・アナリシスだが、人間も生物の一つと考えれば、そのライフコースにイベント・ヒストリー・アナリシスを適用できるわけである。

また、統計学的な方法として、いわゆる多変量解析がある。つまり、ある人口学的な指標の変化（死亡率が上がるとか下がるとか）があった場合、いったいどういう理由（たとえば食料品価格の上昇）がそれにいちばん強い影響を与えているのかということを、いろいろな変数をそこに入れてみて解析する。あるいは、食料品価格が上がった場合、人口（あるいは世帯構成員）のどこにいちばん影響を与える（たとえば死亡率を上げる）のか、子供か、老人か、男か、女かということを研究する。

いま述べた、食料品価格が上がると誰の死亡率が高くなるかという問題についていえば、ある社会では老人の死亡率が高くなるが、逆に他の社会では子供の死亡率が高くなる。私はこのことは、それぞれの社会のもっている、食物が少なくなってきたときに、これだけは守ろうということが働く、その働き方の違い、とりも直さず文化の違いを示すものだろうと思う。

もう一例を挙げれば、連れ合いがいるかいないかが死亡率に与える影響、つまり女性ならば、寡婦になった人はそうでない人より死ぬ率が高いのか低いのか、男性ならば、男やもめになった人は死ぬ率が高いのか低いのか、というところまで統計的に明らかにすることができる。

このようにEAPプロジェクトでは統計学の方法を適用し、多変量解析とかイベント・ヒストリー・アナリシスとかいうハイテク歴史人口学を展開した。

第三段階に入る歴史人口学研究

まだプロジェクトの国際比較研究著書は出版されていないが、今後、「死亡」「出生」「結婚」「移動」という四冊本を出す予定である。いま第一冊目（死亡）の原稿が揃ったところで、実際世の中に出てくるのは平成十四年ころではないかと思う。ただ、このプロジェクトは、ほうぼうで学会発表などをやり、国内ではともかく国際的には有名になっている。この本が出れば、歴史人口学というのはいよいよ第三段階に入ったというふうにみなが見るのではなかろうか。

第一段階というのは、ルイ・アンリたちがやったような、あるいはイギリスのケンブリッジ・グループが初期にやったような、一つの教区を水準とする家族復元を中心にした個別の研究である。日本でいえば、私が初めのころやっていた一つの村を単位とした研究にあたる。

第二段階というのは、対象を一つの村から何十という地域に拡げたもので、そのいちばん成功した例がケンブリッジ・グループが行ったイギリスの四百の教区である。日本でも、濃尾地方について何十かの村をまとめた私の研究がある。この段階では、統計的な面で、例外か例外でないかということがだんだん見えてくる。つまり、一つの区域だけだと統計的に十分な量が得られないので、ちょっとした変化が影響し、得られた結果が偶然か偶然でないのか、特殊なのかそうでないのかということがわからないが、たくさん集めて解析すると、そうしたことがなくなってくるのである。言葉を変えれば、こうした量的な拡大が第二段階である。

第三段階というのは、進んだ人口学、統計学の方法を応用するもので、第二段階、とくにケンブリッジ・グループの仕事のなかには一部それが入っているが、ＥＡＰグループでは初めからそれを表面に出して、いままでの歴史人口学に対するブレークスルー（突破）になるように努めてきた。成功すれば一つの局面を開くものになるだろうと思う。

もう一つ、ＥＡＰプロジェクトでは国際比較を行っている。第二段階までは国際比較はほとんど行っていないので、こんどが初めての国際比較となる。しかもアジアとヨーロッパというまったく文化的背景の違うところで、あるいはアジア間でも文化的、歴史的な背景の違うところで、人々の日常行動は同じだったのか違っていたのか。たとえば先述の食料品価格が上がった場合の問題などについても、誰がいちばん犠牲になるのか、実際のデータから答えを出せる。これはいままでなかったことではないかと思う。

人口転換の課題

歴史人口学が現在の地点からアプローチする問題として、人口転換の課題がある。人口転換

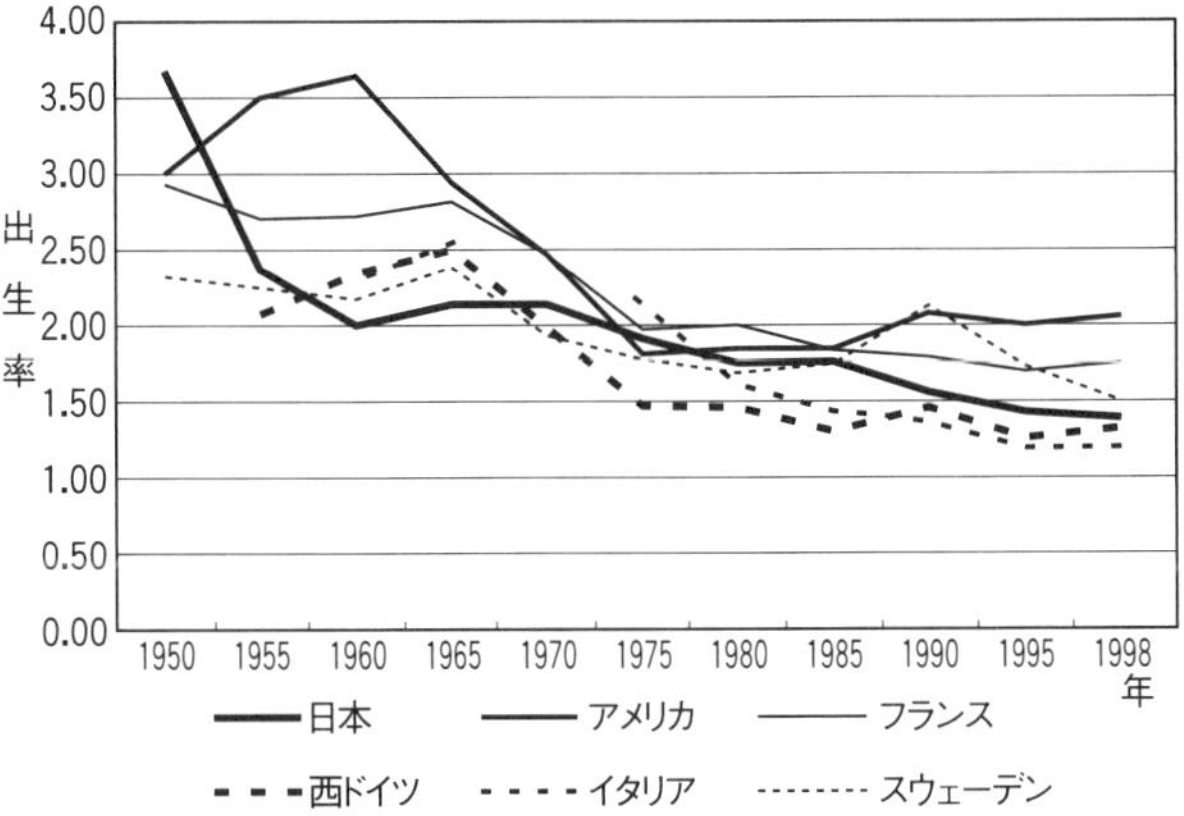

主要先進国の合計特殊出生率（出典：『人口の動向　日本と世界』国立社会保障・人口問題研究所編、2000年10月）

というのは、先に述べたように、社会が多産多死から少産少死、さらには人口が減る社会（これは将来の問題だが）へと転換をしていく変化を指す言葉である。

日本の社会はかつては、たくさん子供が生まれるがそのうちの半分くらいは死んでしまい、生き残った子供が出産年齢に到達して子供を産んでも、そのお産で死ぬ女性も多いという多産多死の伝統的なレジームにあったのだが、現代は、少なく産んで死ぬ者もひじょうに少ないという、少産少死へと移ってきている。

平成十二年現在、日本のＴＦＲ（合計特殊出生率）は一・三五まで低下しており、東京だけとると一を切っているのが現状である。つまり夫婦二人がかりで一人しか産んでないということになる。これで将来どうなるかといえば、人口は遅かれ早かれ減るということである。あと数年で日本の人口は確実に減少局面に入る。日本よりもっとＴＦＲの低いイタリアでは、もう二、三年前から人口が減り出している。また、そのような人口転換の問題となると、現在の発展途上国も研究の対象になってくる。人口減少局面に入ると、今までとは違った色々な社会的・経済的・文化的問題が生ずるだろう（ポール・ウォーレス『人口ピラミッドがひっくり返るとき』高橋健次訳、草思社、二〇〇一年）。

途上国は戦後になって急速に死亡率が減ったが、出生率はあまり減らなかった。先進工業国でもまず死亡率が下がったが、下がり方はそれほど急激ではなかった。日本の場合も死亡率がほんとうに低くなったのは戦後のことである。明治期には、生まれた子供の五、六人に一人は一年以内に死んでいたのが、戦前期にはだいたい十人に一人になった。この十人に一人という数値は、いまの発展途上国のなかでいちばん死亡率の高いところと同じである。それがいまや日本の死亡率は世界最低になり、生まれた子供が千人いると、一年以内に死ぬものの率は五人くらい、二百人に一人くらいである。

おまけに日本人は長生きする。日本人の平均余命（出生時の平均余命、平均寿命ともいう）は男性で八十歳弱、女性で八十四、五歳で、世界で最長になった。つまり、生まれた者はほとんど死なず、少なくとも七十歳までは生きる。七十歳を過ぎるあたりから少しずつ死亡カーブがきつくなってくるのである。

この人口転換問題も歴史人口学のなかに含めることができる。もちろんこの研究はミクロの史料でもマクロの史料でもできるが、いちばん大がかりに行ったのがアメリカのプリンストン・ヨーロッパ出生力低下研究プロジェクトで、七〇年代に調査をして、八〇年代にたくさんの本を各国別に出している。ヨーロッパでは十九世紀に出生率が低下してくるのだが、その低下のプロセスをいろいろ研究してみると、低下の状況というのはけっして単純ではなく、いろいろ複雑な要素があることがこの調査からわかった。たとえば都市と農村、宗教、言語（言語というのは、そこに住んでいる民族である）などの違いにより、一つの国のなかでも早く低下するところもあるし、比較的遅くまで低下しないところもある。プリンストン・プロジェクトでは、日本でいえば県にあたる単位にヨーロッパ各国を分けて、県ごとにこの低下の状況というものを、十九世紀から二十世紀にかけての国勢調査史料を使って研究した。

疫病転換

これまでの人口転換の古典理論では、まず死亡率が減り、それから出生率が減るというように、出生率と死亡率を同等に取り扱ってきた。しかし、ごく最近になって、死亡率のほうはまったく独立に考えなければならないのではないかととらえるようになってきた。つまり、出生率低下というのは人為的な目的がないと起こらない。出生制限をするということは、もう子供をこれ以上もたない、あるいはもちたくないという個々の夫婦、あるいは個々の人間の動機づけがないとできない。しかし死亡率のほうは、医療や衛生設備が発展してくれば自ずと減ってくる。要するに個人の意思とは独立に起こってくることなのだから、死亡率低下と出生率低下とは考えるべき次元が違うのだということになり、死亡率のほうは人口転換から切り離して、むしろ疫病転換というような名称で呼ばれるようになってきている。

昔は流行病（明治期には天然痘、コレラ、チフスなど）でたくさんの人が一時期に死んだし、戦前期までは克服できなかった病気として結核、赤痢、疫痢などがあって、年齢を問わず人間を殺した。

ところが最近における日本の死亡原因統計を見ると、いちばん多いのはガンであるが、いわゆる循環器系の病気、つまり心臓疾患や脳溢血、脳出血などの病気も多い。これは伝染病とは違う。ウイルスとかバクテリアによって起こるのではなく、年齢によって起こるといってもいい。また、ガンは若い層でも発病し得るが、やはり長生きした人がガンに冒される。以前であれば若くして伝染病で死んでいただろう人間が、長生きすることによって今度はガンで死ぬということになる。そのように、死亡原因がウイルスやバクテリアではなく、年齢によって出てくる病気に変わっていくことを疫病転換と言うが、日本はそういう社会になった。

このように疫病転換と出生率低下とは直接結びつかないので、人口学的な立場から人口転換を見る場合には、もっぱら出生率の低下に注目すればいいのだという考え方が出てきて、死亡率のほうはまた別個の問題としてとらえるようになってきているわけである。

二 問題点と今後

歴史人口学の意義

戦後生まれの歴史人口学は、成立以後いまだ半世紀に達していないが、歴史学研究に大きなインパクトを与えている。まず何より、従来の歴史学が制度や政治中心のトップダウンの歴史学であったのに対し、徹底的に一般庶民の行動の観察に基礎をおいたボトムアップの歴史学である。この点をもっと徹底したのは、ギンズベルクやコルバンの「ミクロ・ストリア」であり、ある一人の人間を対象にし、その個人を中心にすえ、彼（または彼女）が経験し、見たに違いない歴史を叙述するものである。

たしかに、こういった「個」のなかに時代が反映され、歴史の全体像が焦点を結んでいるのだろうが、「個」はあくまで「個」であり、他の「個」と同じという保証はない。同じ事件について、直接観察し得た百人に報道記事を書かせたら、おそらく百通りの記事が出てくるだろう。事実の認識は、事実との接し方ばかりでなく、人格や前提となる知識などによってそれぞれ変わってくる。

筆者は「ミクロ・ストリア」を否定する気は毛頭ないどころか、おおいにそれに惹かれるものであるが、それが歴史学を根底から揺るがすとは思えない。それに対し、歴史人口学は、一面では「ミクロ・ストリア」としての性格を有しているとはいえ、対象とするのは「個人」ではなく、個人の行動にまで観察の焦点を絞りうる人口集団である。つまり、基礎とする史料は、個人・夫婦・家族・世帯を認知しうるものであり、そこから「ミクロ・ストリア」を引き出すこともできる。しかし、たとえば全イングランドをカバーする四百六の教区ともなれば、その観察は「個人」ではなく、「個人」に基礎をおいた「集団」ということになる。歴史人口学の研究は、一教区、一村を範囲とするものから、多数の教区、多数の村落を対象とするものまで拡がっている。歴史人口学の革新性は、まず第一にこの点にある。

次に、歴史人口学は、対象とする人口集団を人口学や統計学の方法を用いて分析することができる。従来の人口史が観察を主とする歴史学であったのに対し、歴史人口学は分析を含む社会科学的性格の強い歴史研究である。その結果、歴史人口学によって見出された事象の解釈ははるかに科学的になり、従来の事実の叙述を主とする「人口学」から、著書の表題はどうあれ、少なくとも人口学的分析を含むものとなった。つまり、ソフト・サイエンスからハード・サイエンス的性格をもつように変わったのである。

そのため、この分野の研究者は基礎となる人口学や統計学に習熟していることが必要となった。さらに、一次史料から自分で開拓しようとすれば、古文書の解読能力も要求されるだろうし、その他の関連する研究分野の知識にも通じていなければならない。このことは早くから指摘されていて、イギリスのホリングスワースは、歴史人口学者が備えるべき必要条件として、二十あまりの分野と十二か国語の知識を挙げている。もっともその直後に彼は、こういう人は実際には存在しない、と言っているが。いずれにしても、歴史人口学がたんなる歴史学ではなくなった結果、研究者に方法の熟達が課されることになり、「誰にでもできる」ものではなくなった。かくいう筆者自身、自ら組織したEAPプロジェクトの進展とともに、しだいにハイテク化する研究に、ロー（老？）テクをもって立ち向かわざるをえない状況になっている始末である。

第三に、歴史人口学は、その界面がひじょうに広い研究分野である。人口現象は内部的に説明できる場合もあるが、大部分は外的要因によって説明でき、あるいは外的要因を入れないと説明できない。たとえば出生率の低下は、結婚年齢が上昇したことからくる場合もあるだろうが、子供の数を人為的に減らした結果かもしれない。どちらの場合も、さらになぜ？という ことになると、もう人口現象以外の理由をもってこなくては説明できない。

現在ならば、女性の高学歴化、社会的進出、子供の教育費の上昇といった事柄が浮かぶが、まったく別の、生物学的要因が働いているのかもしれない。江戸時代ならば、病気や飢饉、貧困といった要因が挙げられようが、いずれも外的要因である。死亡になればもっと外的要因の作用は大きくなる。とくに、死亡のコントロールがまったくといっていいほどできなかった近代以前の社会では、人はいつ、何歳で死んでも不思議ではなく、このことは人々に「あの世」の存在を信じさせ、「あの世」を人々に教える宗教の力が、現在とは比べようもないほど強かった。これらは界面のほんの一部であり、他の研究分野に対して開かれている部分がひじょうに広いのである。

以上のような特徴から、歴史人口学は、個人ですべてをカバーするより、何人かが集まって行う、分業と協業によるプロジェクト型の研究に向いている。いわば、規模の経済性が効く研究分野である。しかし、社会科学や人文科学では、このようなプロジェクト型の研究は、日本だけかもしれないが、けっして容易ではないことがわかった。研究に参加する者が、同一の、少なくとも相互に理解できる方向性をもっていなければならず、このことは既成の研究者のあいだではひじょうに難しいのである。

だからといって歴史人口学が個人ではできないと言っているのではない。歴史人口学は、創立時代、まさに個人個人によってうち立てられ、考え出され、実現されてきた。そのころの初心に帰るならば、個人によるすぐれた研究は十分実践され、達成されるであろう。

今後の三つの課題

歴史人口学の今後にどういう課題が残されているかというと、まず、量的・空間的な拡大がある。日本国内ではこれまで福島県、長野県、岐阜県、大阪府、岡山県といったところの「宗門改帳」はかなり集めたが、それから漏れているところもたくさんある。とくに東北、日本海側、四国、九州は不十分である。この地域の「宗門改帳」をどうしても見つけたいと思っている。

最近、長崎市郊外の野母《のも》や天草といったところの史料が見つけられ、九州の東シナ海沿岸地方の歴史人口学的な特徴が見出されつつある。村の規模が都市といってもいいくらい大きくて厄介なため、多少時間がかかっているが、すでに基本的な整理は済んでいるから、あとはこれを使って分析をやればいい段階にきている。

次に時間的な拡大がある。「宗門改帳」は十七世紀から作成されて、明治四（一八七一）年までずっと続いてきたものであるが、大部分の史料は十九世紀に入ってから、あるいは十八世紀の後半から百年間くらいのものなので、それ以前をなんとかもう少し充実させたい。というのは、すでに私が行った信州諏訪地方の研究の結果、十七世紀にたいへん大きな世帯構造の変化があって、大きな世帯が小さくなっていったことがわかっている。これが信州独自のことなのか、あるいは日本全体がそうなのかという問題がある。この変化が十七世紀後半にいっせいに起こったのか、ある地域ではもっと早く起こっていたのか、あるいはもっと遅かったのか、そこをなんとか明らかにしていきたい。そのためにはどうしても、十七世紀の史料をもっと集めなければならないのである。

それから、質的な深化がある。人口学や統計学を動員することはもちろんのこと、家族史、疫病史、経済史、社会史、法制史といった関連する周辺分野・隣接研究領域と共同作業を行い、それらの成果を取り入れてくる必要がある。

たとえば、食料品価格が変化すればどうなるかという物価変動の研究は、経済史のほうではかなり進んだ分野の一つであるが、なかなかそれを人口研究に結びつけられない。一例を挙げれば、現時点でひじょうに質のいい人口史料のある二か所のうちの一か所は、福島県の二本松藩領のものであるが（ただし「宗門改帳」ではなく「人別改帳」であり、宗旨は書いていない純然たる人口調査である）、その史料でコメの価格が上がったらどうなったかということを調べたくても、その地の物価史料がない。だからやむを得ず、たぶんこの地域の米価とシンクロして変化しているだろうと思われる、別の場所の米価（たとえば会津若松）をもってこなければならない。しかしこれは、当時の運送技術などを考えると問題がないわけではなく、できればその場所の米価の変動の史料がほしい。

史料データベース作成

データベースというのは結局、誰もが使えるデータバンクである。しかしデータベース作成というのは、それ自体は研究ではない。それで私などは、データベースを作成して他の人にさあどうぞと使わせてあげるくらいなら、その限られた時間で自分の研究を進めたいという気持ちのほうがつい先に出てしまう。

だから、ほんとうはデータベースづくりの専門家というのが必要なのである。コンピューターに強い専門家が、効率的でみなが使えるようなかたちのデータベースをつくることが望ましい。その場合、コンピューター専門家は何か研究をするわけではなく、データベースをつくることが、私たちの研究にあたる自分の仕事になるのである。

そういうことが、歴史人口学に限らず、日本のあちこちで起こっている。データベースは誰にでもつくれると錯覚してしまうが、データベースづくりというのはそう簡単なものではない。とくに歴史データベースということになると、文字が読めないとか、原史料が間違っているといったことも出てくる。そういう場合は、やはり相当程度歴史学の知識をもっていなければならない。

そのため、普通の印刷された資料のデータベースならば、外注して、こういうデザインでつくってくれといえるのだが、歴史史料ではそれがいえない。そこがひじょうに苦しいところで、自分自身の研究時間を犠牲にしてやるか、あるいは専門家を育てるかということになってくる。いまのところそれはどちらもうまくいっていない。

いま歴史人口学のデータベースをつくっているのは、私の前任地である京都の国際日本文化研究センターと、奈良の帝塚山大学の二か所で、どちらも研究者が指導して作成しているのだが、どうしても自分の研究時間を犠牲にしなければならず、なかなかデータベース作成専門家になりきれないという問題が残っている。

研究費の問題

次に研究費の問題がある。フランスでは、国立人口研究所、社会科学研究院、パリ大学など、国立の機関で研究を行い、費用は国が負担している。イギリスでは三十年以上にわたって国から相当高額の研究費が出ていて、独立した建物をもち、専門家（データベースづくりの専門家やコンピューターの専門家、ライブラリアン）まで置いている。さすがにイギリスでもこれは打ち切りという話が出てきている。イギリスに限れば、とにもかくにも区切りとなるリグリィ、スコフィールドの本が出たのだから、もう打ち切られても仕方がないといえば仕方がないのだが、三十何年間も研究費が出たからこそ、あれだけの成果が出せたのである。

アメリカの場合は民間の財団にひじょうに資金力がある。アメリカは企業が桁違いにカネ儲けをするが、その一部を財団というかたちで社会還元するというのが慣例で、そうした財団から多額の研究費を出させることができる。

問題は日本で、こういう分野に対する研究費の支出がひじょうに貧弱である。ユーラシア・プロジェクトなどはむしろ例外といってもいい。私が国からの研究費を受けたのは平成七年からだが、文科系の学問に対して、大規模な研究費の枠は年に一件しかない。その前年が「日本語の研究」、平成七年が私の研究、次の年が「イスラム社会の研究」というふうに、十何人の応募に対して毎年一件しかない。したがって、私が五年間受けると、現役時代にはもう二度とこないということになる。

歴史人口学の研究は、何人かの人を集めて分業・協業をし、長期間かけることで初めて結果が出てくるプロジェクト型のものである。史料を発掘し、それを利用可能なかたちにし、さらにコンピューターに入れて、などというところまで考えると、何人もの研究協力者、研究補助員が必要になってくる。ところが、このごろではコンピューターなどのハードウェアの費用はだんだん下がってきているため、むしろコンピューターにデータを入れる人たちに払う謝金が、研究費のなかでいちばん大きな部分となっているのが実状である。

日本の明治以降についての研究でも、明治期に関する限り九割五分くらいまでは研究以前の準備費用である。データをコンピューターに入れようとするとき、払うカネのことを考えると気が遠くなる。だからよほどうまく研究費の手当てをしないといけないのだが、たぶん歴史人口学というのはカネ食い虫で、大いに費用がかかる研究なので、日本では将来、なかなか発展が難しいのではないかと危惧している。

研究成果の出版

同時に、研究成果をどうやって出版していくかという、出版の問題もある。英語ならば世界中の人（われわれを含めて）が読むことができ、出すなら英語圏がもっとも有利なことはいうまでもない。日本語の場合、専門書になればほんとに売れない。千部刷ってくれるというのは珍しいのではないかと思う。おまけに、作成費が英語に比べて高くつくこともあり、印刷された本というかたちでは、あまり将来の期待はできないと思っている。むしろ専門書はこれから、CDやインターネットなど、コンピューターの画面で見るということになるかもしれない。それはもう仕方がないと思う。今後の問題を考えると、けっして明るくはないのだが……。

三　新しい歴史学の創造

微視的観察と巨視的考察

「宗門改帳」や「教区簿冊」を使った研究は、個人や夫婦、世帯・家族を単位とする微視的研究であり、自然科学でいえば、素粒子の観察とでもいうべきものである。しかし、素粒子の研究を通じて、宇宙のビッグ・バンという百億年以上前の、途方もなく巨大な出来事の解明ができる。あるいは少なくともその手がかりが得られることがわかっている。つまり、微視的研究と巨視的研究は最終的にはつながっている。われわれの研究においても、「宗門改帳」を通じて見出される社会は、たんに江戸時代の、特定の村の人口現象にとどまるものではない。

視野を拡げれば、中国や朝鮮の史料に基づく研究と共同し、比較することにより、国境を越えた見通しも得られるだろう。

東北アジア全域を見通しているわけではないが、個々の「宗門改帳」から見出された日本の地域的特徴を示すと、以下のごとくである。

よく日本は一言語、一民族の社会だという。しかし、伝統日本（もちろん伝統日本といっても、たとえば江戸時代はその何千年昔に比べればかなり変化をしているわけだが、それでもその変化は、明治以降の変化に比べればそれほど大きなものではない）を見た場合、日本は一つではなかった。

　たしかに江戸時代になると、少なくとも文章に書かれた日本語ならば、日本中どこへ行っても通用した。しかし当時の旅行記などを読むと、地方地方の方言が強くて、九州の人が東北へ行くと話が通じないというようなことがあった。日本語一つとってもそのように多様なのである。

三つの家族・人口パターン

「宗門改帳」などで家族や人口のあり方を見ると、大きく東北日本、中央日本、西南日本の三つのタイプに分けて考えることができる。

　東北日本は、早く結婚するけれども子供の数が少ない。母親は子供を四、五人産んで、産み終わったあとはまた、家の労働力になって働く。その後は出生制限を行う。親と子の年齢差が比較的小さいから、一つの家のなかに親子三代、場合によっては四代がいっしょに住んでいるというかたちだ。これが東北日本によく見られる、いわゆる直系家族である。

　中央日本は、結婚年齢は比較的遅いが子供はたくさん産む。具体的にいうと、東北日本では、女子は十五歳くらいの、子供を産みうる年齢に達したらすぐ結婚するが、中央日本では二十二、三歳、場合によっては二十五歳以上である。人間はだいたい二十一歳から二十五歳の、二十代の前半が受胎率が高くいちばんたくさん子供を産むので、東北日本はその前、中央日本はその最中かその後にあたる。しかし、中央日本では目いっぱいたくさん子供を産む。家族のかたちは、夫婦とその子供、あるいはせいぜい夫婦の親という、二代ないし三代がいっしょに住む、いわゆる核家族か直系家族である。とくに江戸時代、中央日本ではひじょうに都市化が進み、都市へ移動する者が多かった。これもそれ以前にはなかった、江戸時代のこの地方の特徴である。

西南日本というのは、純粋にはほとんど東シナ海沿岸に限られているといってもいいだろう。結婚年齢は遅いが、結婚前に子供を産むことがある。離婚も多く、一つの結婚と次の結婚とのあいだに子供を産むこともある。つまり性行動に関しては東北や中央とやや異なっていて、倫理的な観点からいえば自由である。家族の形態は傍系の夫婦までいっしょに住む合同家族と直系家族である。

では、なぜそのような違いが生じたのだろうか。ヨーロッパの同じような研究からヒントを得て考えると、その違いは、それぞれの地域に住みついた人々が、元来もっていた価値観・風習などをずっと維持してきたことによるのではないかと思われる。

東北日本——アイヌ・縄文時代人

東北日本は江戸時代には農業社会になっていたが、元来はアイヌの人々が住んでいた地域である。アイヌの人々（同時に縄文時代人といってもいいだろう）は、多少農業もやるようにはなったが、主たる生業は狩猟・採集であった。狩猟・採集社会というのは、生きていくために必要な一人あたりの面積がひじょうに大きく、一定面積のなかでの人口規模が小さい。縄文時代の日本の人口を推計した人がいるが、だいたい四、五十万人という十万の単位であったといわれている。したがってそこでは、人口を増やすと共倒れになってしまうので、増やさない仕組みをもっていないといけないことになる。それが、女性は早婚はするが早く子供を産み終え、出生制限をしてふたたび労働をするようになる、というシステムである。縄文時代の人々は、北のほうからやってきて、だいたい東北、関東あたりを中心に（人によっていろいろな説があるが）中央日本から西日本にかけて住みついていたとされている。

中央日本——渡来人・弥生文化

そこへやってきたのがいわゆる渡来人である。彼らは弥生文化を背負い、紀元前二、三世紀のころ日本にやって来た。弥生文化は農耕文化で、彼らは稲作や鉄器の製造という技術をもっていた。渡来人が朝鮮半島から来たのか、あるいは中国から直接来たのかはわからない。ある

項目	東北日本	中央日本	西南日本
人口趨勢	減少	停滞	増大
出生率	低	高	高
結婚年齢	低	高	高
婚外子	無	少	多
離婚	多	少	多
出産数	少	多	多
人口移動率	低	高	高
世帯規模	大	小	大
出生制限	有	無	無
世帯内世代数	多	少	少
世帯内の非直系家族	少	少	多
直系家族につぐ家族型	直系家族	核家族	合同家族
地域特性	姉家督	高移動性	末子相続

三つの地域（上）と、それぞれの人口・家族形態（下）

いは両方のルートがあったのかもしれない。弥生人は農耕や鉄器の生産を行い、縄文人よりはるかに生産性が高く、しだいに縄文人を東北のほうへ追いやっていった。もちろんその間に同化現象もあっただろうが、縄文人のもっている文化の特徴は、しだいに東日本、あるいは東北に押し込められていった。そして弥生文化をもっている人々が紀元後六、七世紀になって大和朝廷をつくり、中国から取り入れたいろいろな制度で、日本という国をつくっていった。弥生人の社会は農業が中心だから、農業の発展に陰りが出ない限り人口制限をする必要はなかった。最初のころはまだ開拓されていない土地がたくさんあって、森林が生い茂っていたから、そこを切り拓いて農地にし、人口を増やしていったのである。

西南日本——海洋民

西南日本というのは、日本列島の東シナ海沿岸地域を指す。そこにいるのは南のほうから島伝いに日本に向かい、琉球や天草、対馬、朝鮮でいえば済州島といった地域に住みついた(一説に彼らは東南アジアから来たとされる)人々である。彼らの風習には東南アジアと一致するものが多いことから、ひょっとすると東南アジア型といえるかもしれない。

彼らは海を生活の場とし、船を交通の手段にしているから、すばやく他へ移動することができる。したがって、最初に住みついたのは東シナ海沿岸だが、そこからまた船に乗り、日本海側や太平洋側、瀬戸内海などに入っていって、各地に定住地をつくっていった。つまり本来の地域としては東シナ海沿岸でも、ちょうど点のようにあちこちに集落をつくっていったのではないだろうかと考えている。

彼らのもっている特徴に、民俗学でいう若者宿とか夜這いなどの慣行があるが、この慣行は西のほうから日本海側ではだいたい能登半島くらいまで、太平洋側では房総半島くらいまでの海岸沿いに点々と残っていて、東北地方までは行っていない。いまは他の文化とすっかり混交したから、そういう特徴はなくなったが、江戸時代の「宗門改帳」のころまではそれが残っていた。

このように、日本は初めから一つであったわけではなく、少なくとも、このような三つの文化をもった人たちが日本に住みついて混じりあい、比較的早い時期に大和朝廷（弥生文化をもった人たち）が日本を統一し、日本語を日本の言葉にしたし、農耕もみなが知るようになっていった。神話時代に熊襲《くまそ》の征伐があり（西南日本平定のことを示すと思うが）、平安時代には坂上田村麻呂によるアイヌの東北遠征があったとされるが、その記事によっても、遅くとも平安時代には、周辺各地から日本に住みついた人たちのあいだの抗争は終わったことがわかる。これは日本にとってひじょうにラッキーなことであり、もし日本国内の内戦状態があとまで続いていたら、日本はそう簡単には統一国家になれなかったであろう。

もちろん、江戸時代にしかない「宗門改帳」のデータからそこまで読み取るのは多少冒険かもしれないが、いま私はそのように考えている。

このように、「西南日本型」の人口・家族構造は、東シナ海沿岸に共通するものである可能性がきわめて高い。また、それはひいては東南アジア社会の特徴とも親近性をもっている。「東北日本型」や「中央日本型」はさておき、「西南日本型」の構造は、そこにやってきた人々のもっていた「文化」を共通の基盤としていたのではなかろうか。

また、「東北日本型」にしても、元来は狩猟採集に依存して生活を営んでいた民族のもつ特質を備えたものであり、かつては樺太・千島・北海道一帯に住んでいたアイヌ民族と共通していた可能性が高い。それをいえば、「中央日本型」も、中国・朝鮮から渡来した人たちと混じりあい、あるいは伝来した制度、宗教、文字を用い、それらを規範として国家統一を行った。したがって、日本には、極端にいえば文化的に独自なものはなく、外来のものを模倣し、融合させたのである。逆に、こういった模倣・融合能力こそ、日本を特徴づけるものだった、といえないだろうか。

江戸時代の「宗門改帳」は、かなり同化・混血が進んだとはいえ、いまだ近代の法的強制力をもった改変以前の社会、とくに家族のあり方を的確に示してくれる史料である。この超ミクロ的観察結果が、東北アジアという広がりをもった社会の、少なくとも一部を説明してくれることは、あたかも素粒子から宇宙生成を知る研究に似た雄大さ、爽快さがあり、研究の醍醐味を禁じ得ない。

特別附録　歴史人口学――成立・資料・課題

歴史人口学（historical demography）とは？

歴史人口学とは、近代国勢調査以前の時代を対象に、そこに住む人々の人口学的――静態および動態――分析を行う研究分野である。「歴史人口学」以前にも、「人口史」の研究は多くの国にあり、日本でも何冊かの著作が出版されていた[1]。しかし、それらは、極端にいえば、資料に記録されている人口数、出生数、死亡数を並べたり、そこから出生率や死亡率を求める程度であった。もちろん、これらは人口を知る基本数値であるが、人口学や統計学による十分な分析はされていなかったのである。

しかし、「歴史人口学」は、「人口史」と異なり、同じ資料に統計学や人口学の手法を駆使して分析し、従来不可能視されてきた国勢調査以前の社会の人口――静態および動態――について、現在の人口分析同様、信頼性の高い指標を求めることを目標とし、そして可能にした。このことによって、人口に関する分析結果は、早いところでは一六世紀以降求められるようになった。しかし、歴史人口学の成立は、決して平易なものではなかったのである[2]。

その成立と展開

第二次世界大戦において、フランスは連合国の一員として勝利者になったが、それはアメリカやソ連が加わり、ナチス・ドイツを敗北させたからであり、フランスの知識階級は、自分達はドイツに負けた、と考える者が少なくない。その理由の一つに、フランスでは一九三〇年代に人口減少が始まっており、一方ドイツでは、第一次世界大戦以後人口増大が顕著で、二つの国の人口の差が拡大しつつあったことを挙げることができる。[3] そのため、工業労働力や兵士になる者の数がフランスでは相対的に少なく、第二次世界大戦に、実質的には対独戦争に敗れたとするものである。

その原因はどこにあったかといえば、フランスにおいて顕著に見られる低出生率である。そこでフランスでは、第二次世界大戦後、いつからフランスの出生率低下が始まったのか、それは何故なのか、いつ頃まで遡って知ることが出来るのかを探るプロジェクトが、国立人口学研究所（ＩＮＥＤ）において始まった。

フランスは、ヨーロッパ各国のなかでも、遡り得る限りもともと出生率の低い国で、ドイツ（一九一三年当時の領域）と比較し得る最初の統計は一八一七年であるが、フランス三一・八パーミルに対し、ドイツ三九・五パーミル、それ以降フランスでは低下が続き、一九〇〇年には二一・三パーミルにまでなった。一方ドイツでは大きな低下はなく、一九〇〇年の出生率は、なお三五・六パーミルを維持していた。しかし、これは粗出生率（crude birth rate）であり、出生に関する正確な指標とはいえない。出生も死亡も、全人口を分母にする「粗」率は、人口の年齢構成や男女比率等の影響を受けるし、乳幼児死亡が多ければ、粗出生率が高くても、人口は増えないこともあり得る。たとえば現在の日本の粗死亡率は、七・七パーミル（二〇〇〇年）で、これは最低であった一九七九年をかなり上回り、一九五五年頃の水準に等しい。国際的にみれば、この水準は、ほとんどの発展途上国より高いほどである。しかし、それでは日本が医療・衛生・生活水準が低下し、発展途上国の方が高いのか、といえば決してそうではない。日本の粗死亡率が、自国の二〇年以前、あるいは現在の発展途上国を上回るのは、死亡しやすい年齢の者、端的にいえば高齢者が多いからで、二〇年前の日本や、現在の発展途上国は、死亡しにくい年齢の者、五歳以上六四歳以下の人口が多いことに起因している。

出生率は死亡率ほどではないとしても、このように「粗」率は現実を物語らないから、出生や死亡の状態を知るためにはより正確な指標が必要である。また、近代国勢調査自身、北欧諸国で一八世紀末に始まり、ヨーロッパ大陸諸国では、その実施はナポレオン以降のことである。このような状況のなかで、歴史を遡って正確な人口指標を求めるのは不可能視されていたのである。

ところが、上記のプロジェクトが始まると、ＩＮＥＤのルイ・アンリ（Louis Henry）は、何年かの試行錯誤を経て、一つの革新に到達した。それは、従来人口学では資料として扱われて来なかった系図や教区簿冊（parish register）を統計学的・人口学的に処理して、出生や結婚に関する信頼性の高い指標を得るのに成功したことである。彼は、一九五六年にはジュネーヴの上流市民の系図を用いてその人口学的指標を求めた著書[4]を、一九五八年には、北フランス、ノルマンディ地方のCrulai教区の教区簿冊を資料とし、同様の分析を行った著書[5]を刊行した。このうち、キリスト教社会において、その後の歴史人口学の主要な資料となった教区簿冊を用いた研究について説明しよう。

教区簿冊は、一口でいえば、日本の寺院過去帳に似ている。過去帳と異なるのは、仏教寺院で重んじられる檀家人員の死亡日における回忌実施のため、過去帳が専ら死亡に関する記録であるのに対し、教区簿冊は、牧師が洗礼を授け、結婚に立会い、埋葬に際しての祈りをした記録、という点である。授洗を出生とし、埋葬を死亡とみなせば、教区簿冊は、教区民の出生・結婚・死亡に関する記録ということになる。実際には出生後授洗までの間に死亡してしまう乳児も少なからずいたから、厳密にはそうだとはいえないとしても、ともかく実際の出生に限りなく近い統計を得ることが出来るのである。かくして歴史資料としては、一見退屈な記録が延々と日記風に書き綴られている教区簿冊は、アンリによって、歴史人口学の第一級の資料として蘇った。つまり、粗出生率でなく、婚姻出生率、乳児死亡率、結婚年齢等、出生や死亡に関するより精確な指標を産み出す宝となったのである。

彼の作業は、教区簿冊に出てくる個人個人の名前をつなぎ合わせる（linkage）という途方もないものであった。なぜ途方もないものかといえば、一つの教区に住む人々の数は、平均して三、〇〇〇人以上であろうから、出生・死亡・結婚を合わせると、毎日のように記載があり、その数は一年でも数百枚に達する。しかも出生後、同じ教区にとどまったとして、彼らが結婚するのは、平均二五年以後のことである。中には、途中で教区から出てしまったり、入って来たりする者もいる。また、洗礼を受けた者が、若くして死亡することは十分あり得る。こういう事に配慮しながら、名前をつなぎ合わせる作業には、細心の注意が必要である。現在であれば、コンピュータの利用も出来るが、アンリが開拓したころはその利用は将来のことであった。彼は、色別の短冊を作って、洗礼、結婚、埋葬を一件一件書きこみ、つなぎ合わせを行い、一組の夫婦が何歳で結婚し、どのように子どもを生み、いくつで死亡したか、生まれた子どもは育ったのかどうかを追ったのである。

この観察結果は、夫婦ごとに家族復元フォーム（family reconstitution form, ＦＲＦ）に書きこまれ、その人口学的行動（結婚、出産、結婚の解消、死亡）に関する情報を一枚のシートに示した。いったんこのシートが作成されれば、結婚年齢、年齢別出生率、出産間隔、出産の順位や出産時の母親の年齢別幼児死亡率など、詳細な人口統計が得られる。

この一連の作業によって、単なる「人口史」とは異なる「歴史人口学」が誕生した。しかし、誕生の頃、それは直ちに学界に容認されたわけではなかった。たとえば、いかに精密な人口学的結果を得たとしても、それは時間的に限られ、さらに小人口集団の数値でしかないという反論から始まり、かかる費用と得られる効果との開きがあまりに大きすぎる、という批判に至るまで、むしろ反対の方が強かったほどである。それにこの作業に要する労力は膨大である。あるイタリーの学者は、この作業を行うことを許して、自分の研究室の助手たちは「イタリーでは、まだ奴隷制が残っている」と考えても仕方ない(6)、という意味のことを言っている。しかし、アンリはそういった反論に屈することなく、自説を強化し、次第に協力者や賛同者を増やしていった。

　教区簿冊を資料とする人口研究の限界は、一つには簿冊が作成されるようになったのが、一六・一七世紀である、という時間的制約である。しかも、これには国や地域による違いがあった。最も早いのはイングランドで、一五三八年のヘンリ八世による修道院解散、英国国教会成立以降、教区簿冊の作成は教会の牧師のなすべき仕事として制度化され、一五四一年以降、この記録は全土的に作成されるようになった。もちろん、そのことと、教区簿冊が現在どの程度利用可能か、という問題は別であり、初期のものほど散逸が多かったり、牧師が病気で倒れたり、教区簿冊の作成が途絶えたりする場合は少なくない。

　英国における人口研究における教区簿冊の利用は、一八三七年、戸籍局（Registrar-General）の設置まで続き、それ以降の研究は、より包括的な戸籍簿・住民台帳か、一八〇一年に始まり、一八三一年からすぐれた内容を持つようになった国勢調査個票による場合が多い。

ついでフランスでは一七世紀の中ごろから教区簿冊が作られるようになる。教区簿冊を用いたアンリの最初の研究は、一六七四―一七九九年の Crulai 教区の簿冊であった。教区簿冊を資料としてその人口学的分析に成功したアンリについで、フランスでは、個別教区の教区簿冊を用いた研究が、モノグラフや学位論文の形で次々と出版され、アンシャン・レジーム期の人口動態が明らかにされるようになったのである。

しかし、歴史人口学は、学際領域の研究であり、原史料の発見から、研究成果の創出まで、多くのプロセス、手続きを必要とする。英国貴族の歴史人口学的分析を行ったホリングスワース（T. H. Hollingsworth）は、歴史人口学の discipline について以下の如く述べている。[7]「理想的な歴史人口学者は、鋭い歴史学的センスをもち、かつ近代人口統計の知識と資源すべてを自家薬籠中のものとすることが必要である。（中略）彼は、経済学、社会学、宗教的行事、考古学、人類学、気象学、疫病学、婦人科学に熟達していなければならないだろう。また、彼はすぐれた古文書学者であり、課税法やその実務についてのエキスパートであり、すべての時代と場所について都市計画や農業耕作方法の専門的知識をもっていなければならない。彼はまた、いかにして数量的情報を収集し、それをカード化したり、テープ化して、コンピュータによって分析するかを知っていなければならない。彼はまた貪欲な読書家であり、少なくも一二ヶ国語をこなし、世界中から毎年発行される何百もの学術誌や著作を読まなければならない」と。しかしホリングスワースは、続けて、「もちろんこのような理想的な歴史人口学者は実在しない」としている。長々と彼の引用を行ったのは、歴史人口学の discipline がいかに広く、独力でこれを実行するのがほとんど不可能であることを明らかにしたかったからである。

　そこで、歴史人口学の研究には、共同研究の形をとったり、プロジェクトとして遂行されることが多くなる。この点、いままでに、最も大きな成功をおさめたのが、英国ケンブリッジ・グループ（Cambridge Group for the History of Population and Social Structure）であろう。一九六四年、社会思想家として活動してきたピーター・ラスレット（Peter Laslett, 二〇〇一年死去）〔仏の歴史人口学者エマニュエル・トッドの博士論文指導教授——編集部注〕、経済史家トニー・リグリィ（E. A. Wrigley）、人口学者のロジャー・スコフィールド（Roger Schofield）によって確立されたこの研究組織は、英国ＳＳＲＣから長期に亘り（四〇年近く）、膨大な研究費の支援を受け、ケンブリッジに建物を構え、国内はもとより国際的研究活動を行ってきた。この研究グループは、人口と家族を社会を構成する基層に置き、歴史を遡ってそれらのあり方、変化を研究対象とするが、活動は国際的であり、世界各国の研究者に研究上の便益を与え、日本からも何人かの研究者がここを本拠として研究を行ってきた。特徴の一つは、集積した資料を公開し、誰もが利用できるようにしたこと、国内の教区簿冊を徹底的に調べあげ、地方史家を動員して整理シートを作り、合計四〇〇以上の教区簿冊を利用できるようにしたことにある。そして、内外の研究者の成果は、Cambridge University Press より、研究叢書としてモノグラフの形で出版され、その数三〇篇以上に達している。

家族史を含む歴史人口学研究で、これ以上に成功した例はない。これも、グループ創立者の適切な指導、分業と協業の見事な組み合わせ、academic freedom の徹底、グループの研究者とスタッフ全員の強い職業意識の産物である。

日本における歴史人口学の成立は、筆者が一九六三—六四年にヨーロッパでこの学問と出会い、その意味を知り、帰国後直ちに資料収集、整理、分析を始めたのが最初である。当時、日本国内では、歴史研究に人口を持ちこむことに消極的であり、ヨーロッパのように短期間のうちに燎原の火の如く広がることはなかった。むしろ、国外における発表を通じて、日本の資料の良質さが知られるようになり、国外の研究者（アメリカ）による日本の資料を用いた研究が一九七〇年代に刊行された[8]。筆者自身も、一九七三年、信州諏訪地方の資料を用いた著書『近世農村の歴史人口学的研究』[9]を刊行し、ようやく国内に歴史人口学の礎石を築くことができた。

次節でみるように、日本の歴史人口学の主要資料は、キリスト教社会の教区簿冊とは異なり、戸籍簿型の資料に、出生・死亡・結婚・移動といったイベントを書き加えた独特のものである。出来事と状態を同時に知り、人口だけでなく、世帯の構成も知り得る資料を持つ社会は、世界に決して多くはない。

そこでまず、世界各国の歴史人口学資料について見ることにする。

資　料

教区簿冊のほか、歴史人口学の資料として、以下を挙げることが出来る。

（1）**試験登録簿**（examination register）　スエーデンは、ルター派の国である。聖書は一五世紀にグーテンベルグによって印刷が可能になると、たちまちその印刷・普及が始まったが、ルター派では、聖書を家に備えて、教区民が日常これを読むことを義務付けた。そこで、教区簿冊のほかに、教区民が聖書を読めるか否かを調査したのが、この資料である。世帯を単位とし、産まれたばかりの子どもを含めて全員が調査の対象となっている。この資料が特定の教区で、長い期間にわたって残存していれば、人口資料として教区簿冊とは異なる重要な資料となる。というのは、教区簿冊は、出生・結婚・死亡という「出来事」の記録であり、「状態」の記録ではない。教区簿冊から、教区の総人口や、人口の年齢構成、さらには世帯の構成も分からない。人口学の指標は、大部分、静態人口を分母に、動態人口を分子に（出生率、死亡率等）して計算するのであるが、静態人口（population at risk）が分からなければ、これらの率も求められない。アンリによって光を当てられ、一躍歴史人口学の主役に踊り出た教区簿冊も、研究が進むと、このような欠陥のある資料だということが分かってきた。そこで、スエーデンの試験記録簿のような、戸籍型の資料（listings）が注目されるようになった。

（2）**魂の記録**　イタリーにみられる「魂の記録」（status animarum）は、カトリック教のお祭りのときに教会へ来た人々の記録簿であるが、同じように戸籍簿型（記名型――nominative）の人口資料として利用することが出来る。スエーデンの場合、プロテスタント社会特有の歴史資料であるとすれば、イタリーの資料は、プロテスタンティズムの出現によって脅威を感じたカトリック教会が、教区民を保全すべく作成したカトリック教社会特有の資料である。なお、カトリック社会では、聖書を読むのは宣教師の特権で、信者は教会に置いてある聖書を、そこで開くことが出来るのみであった。

（3）**戸口冊**　アジアでも、キリスト教社会――たとえばフィリッピンやシンガポールの一部――では教区簿冊があり、それらを人口資料として利用することは出来るが、その範囲は限られている。最近、中国東北部遼寧省で、大量の人口調査資料「戸口冊」が、中国系アメリカ人学者によって発見され、整理・利用が進み、研究成果が刊行されている。[10] これは清朝の始祖ヌルハチが、この地の出身で、近衛（八旗）兵を徴集すべく編成した戸籍簿である。調査は一七七四年に始まり、理論的には辛亥革命の一九一一年まで続いたことになるが、資料が集中的に利用可能なのは、一八七三年までである。この調査は、三年または六年に一回であり、毎年ではなく、さらに移動に関する記載がないという欠陥があるが、中国におけるすぐれたnominative data〔記名型資料——編集部注〕である。

（4）**戸籍大帳**　朝鮮において、一八世紀中ごろから夫役の賦課や、家筋の調査のため作成された。儒教の守護をもって任ずる李朝だけに、この戸籍大帳は、その精神が示され、戸主本人の血統、身分が明記されている。戸籍自身、非常に丁寧に、新聞紙大の大きさをもち、厚い紙を用い、鉄の輪で綴じられ、吊り下げられている。世界で最も見事な戸籍簿である。ただし、毎年作成されたわけではなく、また、人口学的な内容の記載は正確とは言いがたく、これを歴史人口学の資料とするには多くの困難を伴う。

（5）**宗門改帳・人別改帳**　日本の江戸時代に作成された資料で、宗門改帳は幕府の厳格なキリスト教禁止政策の産物である。各世帯を単位に、構成員がキリスト教徒ではなく、仏教徒であることを寺院の印をとって証明させ、庶民の場合、町や村の役人がまとめて提出する。現在発見されている最も古い宗門改帳は、一六三四年（寛永一一年）の長崎平戸町のものである（九州大学所蔵）。一六三八年になると、各地で宗門改帳を見出すことが出来る。大坂菊屋町、美濃国安八郡楡俣村のものなどがある。これらは幕府直轄地であったが、一六七一年には法令が出て、各大名領でも宗門改帳が作成されるようになり、一八七一年、明治政府が列国の圧力によって信仰の自由をとり入れこの制度を廃止するまで続いた。**図1**に、宗門改帳の記載事例

家壱軒　当村　高八石七斗五升五合所持仕候

一　東本願寺宗　西福寺丹那　佐左衛門　年五十一才

同宗　右同断　同寺丹那　女房　年三拾弐才

是ハ安八郡中村金左衛門娘十七年以前ニ縁付来り申候

同宗　右同断　同寺丹那　娘　さと　年九才

同宗　右同断　同寺丹那　悴　太郎吉　年五才

同宗　右同断　同寺丹那　娘　うら　年弐才

男弐人

図１　美濃国安八郡西条村宗門改帳（寛政二年）の一こま

（立教大学図書館蔵）

〆五人内
女三人
外　　　　娘
壱人　　　ため
年十四才
是ハ京都西陣さめや三九郎方ニ奉公仕罷在申候
宗門ノ義ハ其所ニ而御改ニ付判形除之
妹
壱人　　　さか
年廿六才
是ハ当村儀助方へ去年縁付遣し申候
宗門ノ義ハ右同断
妹
壱人　　　かま
年三拾九才
是ハ安八郡今尾町吉郎衛門方へ弐拾四以前ニ縁付遣し申候
宗門ノ義ハ右同断

を示したが、調査時点で居住していた者のほか、この世帯に生まれ、他に移動した者の動静も記録している。

人別改帳は、宗門改帳より早く、信仰統制とは別個に、領主が領内からどれだけの人馬を徴発できるか、を目的として作成された。現存する最古のものは、一六〇九年（慶長一四年）の九州小倉藩、豊後国のもので、[11]個々の名前には、「ミゲル」というようなキリスト教の洗礼名の者も記録されている。戦国時代末期から、戦闘は領地を離れて、極端な例としては日本を離れて行われるようになり、武士だけでなく、領内の徴発可能な労働力や家畜を動員しなければならなくなった。陸奥国二本松藩のように、人別改帳を幕末まで作成し続けた藩もあったが、大部分は戦闘の消滅とともに必要を感じなくなり、また調査の対象が宗門改帳と同じく、町や村に住む個々の男女であったため、二つの資料が「宗門人別改帳」というように合体した名称を持つようになっている。ただし、この資料の名前は、江戸時代の他の資料と同様、全国的に統一されていない。宗旨改帳、宗門改踏絵帳などとも呼ばれていた。この最後の踏絵帳というのは、宗門改めに際して、それを受ける者にマリアの像が彫られた板を踏ませたことに由来する。幕末に日本に来たシーボルトは、その図を彼の『日本』に掲載している。[12]

（6）**系図**　系図は多くの社会で作成されているが、それを歴史人口学の資料として最初に用いたのはやはりアンリであった。彼は、ジュネーヴの上層市民の系図を利用している。また、ナチス・ドイツでは、いくつかの村で、自分の先祖にユダヤ人の血の入っていないことを証明させるべく系図の作成が行われ、これを用いた研究もある。[13]

アジアでは、台北の中央研究院にいる劉翠溶が、明・清時代の系図を収集し、本土一一省と台湾の計一二地域、四九の家系を対象に研究を行い、モニュメンタルな業績を発表している。[14]また、清朝皇族の系図を利用した研究も最近刊行された。[15]日本でも、比較的残存の多い大名の系図を使った研究が出版され始めた。[16]歴史人口学の資料として、系図のもつ利点は、親族関係とくに親子関係の画定がはっきりすることである。一方弱点としては、社会の上層階級に限られる場合が多く、また女子や幼少年齢の死亡者が記録されないことなどがある。Population at risk〔静態人口——編集部注〕も求められない。しかし、教区簿冊や他の資料と異なり、早くから系図は作成されているので、一六世紀以前の社会の人口学的分析を行い得る可能性がある。

(7)　イスラーム社会の人口記録　一九世紀半ばになると、オットマン・トルコ帝国（その版図は、バルカン半島、黒海を含む東地中海沿岸、アラビア半島、北アフリカ沿岸に及んだ）において、戸籍簿の作成が行われ、いくつかは今日に伝えられている。イスタンブールの研究は出版され、[17]ダマスカスや、さらに資料を求めて、ブルガリア、リビアにまで調査が進んでいる。もちろん、この戸籍簿によってイスラーム社会の構造が明らかになりつつあるが、調査が特定の年に限られているので、教区簿冊や宗門改帳を利用する研究のような結果を導き出すことは出来ない。

以上のほか、ごく最近、ロシヤ正教会においても教区簿冊の作成がなされ、それを利用する研究が行われている、と聞く。アメリカでは、人口の移動が激しいので、教区簿冊はあまり有効でないが、一〇〇年間凍結期間を過ぎた国勢調査個票が続々解禁になり、その利用がインターネットで出来る。中南米はヨーロッパ型の教区簿冊による研究が中心である。南アジアではインドが問題で、系図以外では、イギリス東インド会社による国勢調査をもって始めて人口統計が出てきた。しかし、その信頼性は、二〇世紀になっても決して高いとはいえない。東南アジアも人口資料の空白域である。

資料の整理法

教区簿冊の場合は、すでに述べたように、洗礼（出生）、結婚、埋葬（死亡）の短冊をつくり、同一の名前をつなぎ合わせるのが基本的な整理法であった。日本の資料のような、戸籍簿型資料ではどのような整理法がとられているのか。筆者が一九六四年に宗門改帳の整理を始めた当初には、コンピュータもコピー機も簡単に利用できず、一世帯・一枚のシートに、資料に書かれている通りのことを書きこんでいた。そして必要に応じ、特定の年の統計をとったり、それを並べ替えて一つの世帯の観察を行ってきた。机の端にこのシートを置き、並べ替えをおこなったので「堂々めぐり」と呼んでいた。しかし、これはいかにも非効率的であり、一九七〇年頃には、一枚のシートに、タテ二五年間、ヨコ二五人分の桝目を作り、タテの列を各人の履歴に当て、ヨコの行は各年の記録にあて、世帯を単位とする一枚のシートに二五年間・二五人分の情報を盛り込むことにした。二五という数字に特別の意味があるわけではないが、強いていえば、四半世紀ごと、そして世帯人員は、ほとんどが二五年間に二五人以内で納まるからである。このシートをＢＤＳ（Basic Data Sheet）と呼んでいる（本書四六―四七頁参照）。このシートを発案したのは、筆者の個人的な趣味である列車時刻表をみていてのことであるが、日本のミクロ資料の整理にはこれが最適であって、現在でもこの方式によっている。

　このシートの利点は、当二五年間の世帯の構造と変動、人口と家族が一目瞭然となること、一切の情報——個人であれ、世帯であれ——が一枚のシートに記録されることである。個人のライフ・ヒストリー——出生・死亡・結婚・移動——に関する情報、世帯の保有する耕地の価値（通例米の石高で表示）、家畜の種類と頭数、などを書きこみ、あたかも世帯を単位とする国勢調査の個票のような内容を備えている。

　もちろん、弱点もある。原資料には、戸主から始まって、領主の決めた順で家族員の名前が書かれるが、ＢＤＳでは、それを別記しないと順番は途中で変わる場合が生ずる。しかし、どうしても必要ならば、順番を備考欄に書くことで解決は出来る。

そして、BDSのもつ何よりの利点は、そこに記録されている個人のライフ・ヒストリーを容易に追えることである。パソコンが普及した現在では、これを比較的単純なプログラムによって入力し、データ・ファイルを作り、研究目的に応じてデータ・ベース化することが出来る。これを利用すれば、従来分析できなかった種々の分析が可能となる。江戸時代に生きた庶民のライフ・ヒストリーが何万人、何十万人という単位（筆者の行った美濃の一農村の例では、一村の人口三〇〇人、一〇〇年間続く資料であったが、資料に登場する男女数は約一、九〇〇人である）で明らかになることの意味は非常に大きい。

課題

以上述べたように、現在は主流となっている歴史人口学は、主として個人名が記録されている戸籍型資料――ここでは、ミクロ資料と呼ぶ――を用い、そこに記録されている個人、夫婦、世帯、家族の状態や行動を追究する研究であり、典型的な bottom up の歴史研究である。もちろん、必要に応じて、整理された統計――ここではマクロ資料と呼ぶ――を利用することもある。しかし、マクロ資料では観察できない、個人や世帯の行動の分析にこそ、この研究の独自性がある。ただ、ミクロ資料の問題は、それがカヴァーする範囲が狭いことである。ヨーロッパの教区簿冊は、一教区が単位であり、一つの教区から得られる結果は、いかに詳細であろうと、地理的範囲は「点」でしかない。英国では、当初、デヴォンシャのコリトン教区から始まった歴史人口学研究[18]は、四〇〇の教区をカヴァーする研究として空間的にも、内容的にも拡大され[19]、さらに、その中から長期間連続する二六の教区を選んで研究[20]を行うことにより、イングランドの全体像が見えてきた。このようなミクロ資料の研究から、マクロの世界に達することは理想であるが、決して容易には出来ない。それを達成したケンブリッジ・グループによる研究を抜くことはたやすいことではない。

日本ではどうか。江戸時代の日本のミクロ人口資料は、世界でも稀有の、優れた内容をもつ資料で、これに匹敵するのはスエーデンの資料くらいのものである。それよりやや劣っているが、中国（遼寧省）、北イタリーの資料があり、これに時代はやや下がるが、ベルギー（ワロン圏）の資料を加えた五つの社会が、比較可能な良質の資料を持っている。これらを利用する「ユーラシア社会の人口・家族構造比較史研究」プロジェクトは、文部省から科学研究費（創成的基礎研究——一九九五年度より五年間、研究代表者・速水融）を得て実施された。その成果は、二〇〇三年中に「死亡」を取り扱った第一巻が刊行され、以下「出生」、「結婚」、「移動」の各巻が出版される予定である。教区簿冊中心の英国・フランスの研究とは一味違い、高度の人口学的方法による分析の結果は、どのように評価されるだろうか。

しかし、日本についてだけでも、いくつかのハードルがある。まず日本のミクロ資料は残存状況の全体がまだ摑めていない。日本では、資料の公開が制約されたり、個人によって独占されていたりする場合が多く、「公開」された状態ではない。現在、京都の国際日本文化研究センターにおいて、公開を前提とした収集資料のデジタル化を進めているが、所蔵者の許可を得るのが難関で、拒否される場合もある。しかし、ともかく全国で約一、〇〇〇町村のミクロ資料が、たとえ一年のものでも収集された。江戸時代には全国で約八〇、〇〇〇の町や村があったから、その一・二パーセントである。さらにミクロ資料が作成された二四〇年間を考えると、収集率は、作成された資料の一〇、〇〇〇分の一以下でしかない。これで、何か江戸時代の人々の行動を物語り得るのか、という疑問に常に突き当たる。しかし、たとえば二〇〇年間に亘って、資料がかなり高い残存率を示す村とか、一〇〇年間に一年の欠年もなく連続して残存している村もあり、その数は、東北地方で八カ村、中央日本で一〇カ村、西南日本で二カ村があり、これらを用いただけでも、それぞれの地域に住む人々の人口学的行動や、世帯のあり方の違いが分かってきた。霧の中から、うすぼんやりではあるが、地域の人口学的・家族史的構造がそれぞれ特徴をもっていたことが見えてきたところである。その内容については、機会を改めて報告したい。

　このように、江戸時代（厳密には宗門改帳や人別改帳が作成された明治四年まで）は、ミクロ資料の利用が可能である。ところが、明治期になると、この種の資料は姿を消し、替わって

「戸籍」が登場する。「戸籍」は全国統一の書式を持ち（実はこれは江戸時代末期、長州藩で作成されていた戸籍をプロトタイプとしている）、その点は江戸時代のミクロ資料に書式上の共通性がなかったのに較べて優れているが、明治五年編成の「壬申戸籍」は、各世帯の身分の記載があることから、現在凍結され、公開されていない。また、記載内容や作製の趣旨が、すでに当時から言われていたことであるが、人口調査には程遠かった。これを指摘し、戸籍簿による人口統計の作成を拒否した杉亨二は、一方で近代的国勢調査実施をうったえ、サンプルとして、一八七九年（明治一二年）山梨県を対象に調査を行っている。[21] 残されているこの調査の個票は少数であるが、戸籍とは全く異なり、現在の国勢調査のそれにほぼ等しく、もし政府が杉の提言を採用していたら、日本は早くから近代国勢調査に基づくマクロ人口統計を持つ国となっていたであろう。また、大正九年以後の国勢調査の個票が集計終了後破棄されず、諸外国のように一〇〇年凍結で保存されていたら、ミクロ資料も合わせもつことができた。しかし実際は、第一回の国勢調査は、一九二〇年（大正九年）まで遅れ、かつ原票は尽《ことごと》く破棄されてしまっているというのが現状である。

　維新以降、国勢調査以前、利用できるマクロ人口統計は、戸籍簿に基づく不正確な統計のみであるが、これにより全国人口という最も基本的な数値を求めようとしても、公表されているものだけで数種類あり、人口学者がそれぞれの仕方で推計したものを加えると一〇通り以上になる。一八七一年（明治四年）に従来のミクロ資料作成が終わり、一九二〇年（大正九年）の第一回国勢調査実施までは、日本の歴史人口学研究は、資料の上で、江戸時代に比べ、むしろ暗黒時代なのである。

注

（1）たとえば、本庄栄治郎『日本人口史』日本評論社、昭和一六年、関山直太郎『近世日本の人口構造』吉川弘文館、昭和三三年。

（2）Paul-André Rosental, "Thirteen years of debate: from population history to French historical demography (1945-1958)," *Population* (an English Selection) Vol. 9, 1997. は、フランスにおける歴史人口学成立をめぐる事情を伝えてくれる。なお、Osamu Saito, "Historical demography: Achievements and prospects," *Population Studies*, Vol. 50, No. 3. は、最近における歴史人口学の研究状況をしらせてくれる優れたサーヴェイ論文である。

（3）国勢調査による両国の人口を比較すると、一九二六年のフランスは四〇、二二八千人、三一年では四一、二二八千人、三六年では四一、一八三千人で、僅かではあるが減少し始めている。これに対し、ドイツは一九二五年では六三、一八一千人、三三年では六六、〇三〇千人、三九年では六九、四六〇千人と増大を続けている。出生率における差異はもっと顕著で、フランスでは粗出生率（出生数を総人口で除した値で、通常千分位―‰―を単位とする）が、一九二〇年には二一・四‰であったのが以後低下傾向を示し、一九三九年には一四・六‰となった。ドイツでは同じ期間に、二五・九‰から一七・六‰に低下したとはいえ、なおフランスより高い（B・R・ミッチェル編『マクミラン世界歴史統計1　ヨーロッパ篇』中村宏監訳、原書房、一九八三年、による）。

（4）Louis Henry, *Anciennes familles genevoises. Étude démographique*（*XVIe-XXe siècle*）. Paris, 1956.
（5）Etienne Gautier et Louis Henry, *La population de Crulai paroisse normande. Étude historique*. Paris, 1958.
（6）Carlo Cipolla, *The Economic History of World Population*. Penguin Books, 1962. preface. 川久保公夫・堀内一徳共訳『経済発展と世界人口』ミネルヴァ書房、一九七二年、三―四頁。
（7）T. H. Hollingsworth, *Historical Demography*. Ithaca, 1969.
（8）Thomas C. Smith, *Nakahara: Family Farming and Population in a Japanese Village, 1717-1830*. Stanford, 1977. Susan B. Hanley and Kozo Yamamura, *Economic and Demographic Change in Preindustrial Japan, 1600-1868*. Princeton, 1977.
（9）速水融『近世農村の歴史人口学的研究』東洋経済新報社、一九七三年。
（10）James Lee and Cameron Campbell, *Fate and fortune in rural China, social organization and population behavior in Liaoning 1774-1873*. Cambridge, 1997.
（11）『小倉藩人畜改帳』（全五冊）東京大学出版会、一九五六―五八年。
（12）Philipp Franz von Siebold, *Nippon. Archiv zur Beschreibung von Japan. 1823-30*. Tafelband I. T. 189.（reprinted in Tokyo, 1975）に "Fumie" として掲載されている。
（13）John E. Knodel, *Demographic behavior in the past. A study of fourteen German village populations in the eighteenth and nineteenth centuries*. Cambridge, 1988. は、ナチス時代に作製された一四の村の Ortssippenbuch を資料として用いている。
（14）劉翠溶『明清時期家族人口與社會經濟變遷』（統計附録とも全二冊）中央研究院経済研究所第十五種、一九九二年。
（15）李中清・郭松義主編『清代皇族人口行為和社会環境』北京、一九九四年。
（16）坪内玲子『継承の人口社会学』ミネルヴァ書房、二〇〇一年。

(17) Alan Duben and Cem Behar, *Istanbul households. Marriage, family and fertility, 1880-1940*. Cambridge, 1991.

(18) E. A. Wrigley, "Family limitation in pre-industrial England." *Economic History Review*, 2nd series, xix, 1966.

(19) E. A. Wrigley and R. S. Schofield, *The Population History of England. 1541-1871. A reconstitution.* Cambridge (US), 1981.

(20) E. A. Wrigley, R. S. Davies, J. E. Oeppen and R. S. Schofield, *English population history from family reconstitution. 1580-1837*. Cambridge, 1997.

(21) 統計院編纂『甲斐国現在人別調』(覆刻)一九六八年。

歴史人口学史料・研究年表

年代	事項
七九〇頃	「常陸国人口文書」
一五三八〜	英全国の国教会で教区簿冊作成
一六三四	最古の宗門改帳タイプの史料「平戸町横瀬浦町人数改之帳」
一六三八	最古の宗門改帳「楡俣村宗門改帳」
一六六七	仏ルイ14世が教区簿冊作成の王令を出す
一六七一	幕府が全大名に宗門改帳作成を命令
一六八七〜一八七一	「二本松藩人別改帳」
一七〇三	アイスランドで世界初の国勢調査実施
一七二一〜一八四六	徳川幕府による全国人口調査
一七七三〜一八六九	「美濃国安八郡西条村宗門改帳」
一七七四〜一九一二	遼寧省「戸口冊」

一八六八	「京都府戸籍仕法書」発令
一八六九	「駿河国沼津政表」「駿河国原政表」
一八七〇	各地方官に戸数人員の報告を命令
一八七一	宗門改帳廃止を通達
一八七二	壬申戸籍編成
一八七九	『甲斐国現在人別調』
一八八〇〜八一	『日本全国人口表』
一八八二〜八六	『日本全国戸口表』
一八八四	『都府名邑戸口表』
一八八六	『日本全国民籍戸口表』
一八八六〜九七	『日本帝国民籍戸口表』
一八九八	内閣統計局設立
一八九八〜	『日本帝国人口静態統計』
一八九九〜	『日本帝国人口動態統計』
一九〇五	臨時台湾戸口調査
一九〇八	『台湾現住人口統計』

一九一二	『日本人ノ生命ニ関スル研究』
一九二〇	日本で初の国勢調査実施
一九五六	アンリ／フリュリ『歴史人口学の方法』
一九六五	イギリスでケンブリッジ・グループ結成
一九六九	イギリスで「家族の比較史的研究のための国際会議」開催
一九七一	数量経済史研究会（QEH研究会）発足
一九七三	速水融『近世農村の歴史人口学的研究』
一九八一・九七	リグリィ／スコフィールド『イングランド人口史』
一九八五	成松佐恵子『近世東北農村の人びと』
一九八八	速水融『江戸の農民生活史』
一九九二	速水融『近世濃尾地方の人口・経済・社会』
一九九二	成松佐恵子『江戸時代の東北農村』
一九九四	カイロで国際人口経済開発会議開催
一九九五～二〇〇〇	「ユーラシア社会の人口と家族」共同研究プログラム

参考文献（邦文の書籍のみ）

一　著書・編書（著編者のアイウエオ順）

鬼頭宏『人口から読む日本の歴史』講談社学術文庫、二〇〇〇

斎藤修『商家の世界・裏店の世界　江戸と大阪の比較都市史』リブロポート、一九八七

坪内良博『東南アジア人口民族誌』勁草書房、一九八六

坪内玲子『継承の人口社会学』ミネルヴァ書房、二〇〇一

成松佐恵子『近世東北農村の人びと　奥州安積郡下守屋村』ミネルヴァ書房、一九八五

成松佐恵子『江戸時代の東北農村　二本松藩仁井田村』同文舘出版、一九九二

速水融『近世農村の歴史人口学的研究　信州諏訪地方の宗門改帳分析』東洋経済新報社、一九七三

速水融『江戸の農民生活史』ＮＨＫブックス、一九八八（絶版）

速水融『近世濃尾地方の人口・経済・社会』創文社、一九九二

速水融『歴史人口学の世界』岩波書店、一九九七

速水融他編『歴史人口学のフロンティア』東洋経済新報社（近刊）

速水 融編『近代化過程の歴史人口学』ミネルヴァ書房（近刊）

速水 融編『近代化過程の家族史』ミネルヴァ書房（近刊）

二 訳書（原著者のアルファベット順）

Goubert, P.（グベール）『歴史人口学序説』（遅塚忠躬・藤田苑子訳）岩波書店、一九九二

Hanley, S. B. and Yamamura, K.（ハンレー、ヤマムラ）『前工業化期日本の経済と人口』（速水 融・穐本洋哉訳）ミネルヴァ書房、一九八二

Wrigley, E. A.（リグリィ）『人口と歴史』（速水 融訳）筑摩書房、一九八二

斎藤 修編著『家族と人口の歴史社会学　ケンブリッジ・グループの成果』リブロポート、一九八八

速水 融（監修）『歴史人口学・家族史翻訳論集』（仮題）藤原書店（近刊）

速水　融（はやみ あきら）

1929-2019年。慶應義塾大学経済学部卒業。経済学博士。日本常民文化研究所研究員、慶應義塾大学教授、国際日本文化研究センター教授、麗澤大学教授を歴任。専攻は日本経済史、歴史人口学。2009年文化勲章受章。日本学士院会員。著書に『近世農村の歴史人口学的研究』（東洋経済新報社）、『近世濃尾地方の人口・経済・社会』（創文社）、『歴史人口学の世界』（岩波現代文庫）、『日本を襲ったスペイン・インフルエンザ』『歴史人口学研究』（いずれも藤原書店）、『歴史人口学事始め』（ちくま新書）などがある。

文春新書

1363

歴史人口学《れきしじんこうがく》で見《み》た日本《にほん》　増補版《ぞうほばん》

2022年5月20日　第1刷発行

著　者　　速水　融
発行者　　大松芳男
発行所　株式会社　文藝春秋

〒102-8008　東京都千代田区紀尾井町3-23
電話（03）3265-1211（代表）

印刷所　　大日本印刷
製本所　　大口製本

定価はカバーに表示してあります。
万 、落丁・乱丁の場合は小社製作部宛お送り下さい。
送料小社負担でお取替え致します。

©Akira Hayami 2022　　Printed in Japan

ISBN978-4-16-661363-2

本書の無断複写は著作権法上での例外を除き禁じられています。
また、私的使用以外のいかなる電子的複製行為も一切認められておりません。

◆日本の歴史

渋沢家三代　佐野眞一
古墳とヤマト政権　白石太一郎
昭和史の論点　坂本多加雄・秦郁彦・半藤一利・保阪正康
謎の大王 継体天皇　水谷千秋
謎の豪族 蘇我氏　水谷千秋
謎の渡来人 秦氏　水谷千秋
継体天皇と朝鮮半島の謎　水谷千秋
女たちの壬申の乱　水谷千秋
あの戦争になぜ負けたのか　半藤一利・保阪正康・中西輝政・戸高一成・福田和也・加藤陽子
日本のいちばん長い夏　半藤一利編
昭和陸海軍の失敗　半藤一利・秦郁彦・平間洋一・保阪正康・黒野耐・戸高一成・戸部良一・福田和也
昭和の名将と愚将　半藤一利・保阪正康
日本型リーダーはなぜ失敗するのか　半藤一利
「昭和天皇実録」の謎を解く　半藤一利・保阪正康・御厨貴・磯田道史
大人のための昭和史入門　半藤一利・船橋洋一・出口治明・水野和夫・佐藤優・保阪正康他
21世紀の戦争論　半藤一利・佐藤優

なぜ必敗の戦争を始めたのか　半藤一利
歴史探偵 忘れ残りの記　半藤一利
歴史探偵 昭和の教え　半藤一利
歴史探偵 開戦から終戦まで　半藤一利
十七歳の硫黄島　秋草鶴次
山県有朋　伊藤之雄
指揮官の決断　早坂隆
永田鉄山 昭和陸軍「運命の男」　早坂隆
ペリリュー玉砕　早坂隆
硫黄島 栗林中将の最期　梯久美子
日本人の誇り　藤原正彦
天皇陵の謎　矢澤高太郎
児玉誉士夫 巨魁の昭和史　有馬哲夫
江戸の貧民　塩見鮮一郎
火山で読み解く古事記の謎　蒲池明弘
邪馬台国は「朱の王国」だった　蒲池明弘
「馬」が動かした日本史　蒲池明弘
文部省の研究　辻田真佐憲

古関裕而の昭和史　辻田真佐憲
写真で見る日めくり日米開戦・終戦　共同通信編集委員室編
暴かれた伊達政宗「幕府転覆計画」　大泉光一
大日本史　山内昌之・佐藤優
日本史のツボ　本郷和人
承久の乱　本郷和人
権力の日本史　本郷和人
北条氏の時代　本郷和人
元号　所功・久禮旦雄・吉野健一
歴史の余白　浅見雅男
明治天皇はシャンパンがお好き　浅見雅男
皇位継承　高橋紘・所功
江戸のいちばん長い日　安藤優一郎
江戸の不動産　安藤優一郎
西郷隆盛と西南戦争を歩く　正亀賢司
姫君たちの明治維新　岩尾光代
日本史の新常識　文藝春秋編
秋篠宮家と小室家　文藝春秋編

日本プラモデル六〇年史　小林　昇
仏教抹殺　鵜飼秀徳
お寺の日本地図　鵜飼秀徳
昭和天皇
最後の侍従日記　小林　忍＋共同通信取材班
令和を生きるための
昭和史入門　保阪正康
内閣調査室秘録　岸　俊光編／志垣民郎
木戸幸一　川田　稔
「京都」の誕生　桃崎有一郎
皇国史観　片山杜秀
昭和史がわかる
ブックガイド　文春新書編
遊王　徳川家斉　岡崎守恭
東條英機　一ノ瀬俊也
信長　空白の百三十日　木下昌輝
感染症の日本史　磯田道史
平安朝の事件簿　繁田信一
婆娑羅大名　佐々木道誉　寺田英視
経理から見た日本陸軍　本間正人
戦前昭和の猟奇事件　小池　新

インパールの戦い　笠井亮平
東京の謎《ミステリー》　門井慶喜
歴史・時代小説教室　安部龍太郎／門井慶喜／畠中　恵
お茶と権力　田中仙堂
明治日本はアメリカから
何を学んだのか　小川原正道

（2022. 04）A　品切の節はご容赦下さい

文春新書

◆文学・ことば

翻訳夜話 村上春樹 柴田元幸
翻訳夜話2 サリンジャー戦記 村上春樹 柴田元幸
漢字と日本人 高島俊男
語源でわかった! 英単語記憶術 山並陞一
すごい言葉 晴山陽一
危うし! 小学校英語 鳥飼玖美子
外交官の「うな重方式」英語勉強法 多賀敏行
名文どろぼう 竹内政明
「編集手帳」の文章術 竹内政明
ビブリオバトル 谷口忠大
新・百人一首 岡井隆・馬場あき子 永田和宏・穂村弘選
劇団四季メソッド「美しい日本語の話し方」 浅利慶太
芥川賞の謎を解く 鵜飼哲夫
ビジネスエリートの新論語 司馬遼太郎
オッペケペー節と明治 永嶺重敏
世界はジョークで出来ている 早坂　隆

一切なりゆき 樹木希林
天才の思考 鈴木敏夫
いま、幸せかい? 滝口悠生選
英語で味わう万葉集 ピーター・J・マクミラン
歎異抄　救いのことば 釈　徹宗
最後の人声天語 坪内祐三
教養脳 福田和也
明日あるまじく候 細川護熙
伊賀の人・松尾芭蕉 北村純一
ちょっと方向を変えてみる 辻　仁成
歴史・時代小説教室 安部龍太郎 門井慶喜 畠中　恵

◆経済と企業

金融工学、こんなに面白い　野口悠紀雄
リープフロッグ　野口悠紀雄
臆病者のための株入門　橘　玲
臆病者のための億万長者入門　橘　玲
熱湯経営　樋口武男
先の先を読め　樋口武男
就活って何だ　森　健
ビジネスパーソンのための契約の教科書　福井健策
ブラック企業　今野晴貴
ブラック企業2　今野晴貴
売る力　鈴木敏文
日本型モノづくりの敗北　湯之上隆
詐欺の帝王　溝口　敦
さらば！　サラリーマン　溝口　敦
トヨタ生産方式の逆襲　鈴村尚久
グローバリズムが世界を滅ぼす　エマニュエル・トッド　ハジュン・チャン　柴山桂太・中野剛志・藤井聡・堀茂樹

税金を払わない巨大企業　富岡幸雄
消費税が国を滅ぼす　富岡幸雄
あなたの隣のモンスター社員　石川弘子
安売り王一代　安田隆夫
働く女子の運命　濱口桂一郎
人工知能と経済の未来　井上智洋
「公益」資本主義　原　丈人
お祈りメール来た、日本死ね　海老原嗣生
ルポ　税金地獄　朝日新聞経済部
日本株式会社の顧問弁護士　児玉　博
自動車会社が消える日　井上久男
日産vs.ゴーン　井上久男
新貿易立国論　大泉啓一郎
世界史を変えた詐欺師たち　東谷　暁
日銀バブルが日本を蝕む　藤田知也
AIが変えるお金の未来　坂井隆之・宮川裕章＋毎日新聞フィンテック取材班
なぜ日本の会社は生産性が低いのか？　熊野英生
会社員が消える　大内伸哉

キャッシュレス国家　西村友作
農業新時代　川内イオ
農業フロンティア　川内イオ
総会屋とバブル　尾島正洋
最強の相続　荻原博子
吉本興業の約束　大﨑　洋・坪田信貴
日本企業の復活力　伊丹敬之
グリーン・ジャイアント　森川　潤

文春新書

◆世界の国と歴史

ローマ人への20の質問　塩野七生
歴史とはなにか　岡田英弘
常識の世界地図　21世紀研究会編
食の世界地図　21世紀研究会編
新・民族の世界地図　21世紀研究会編
カラー新版 地名の世界地図　21世紀研究会編
カラー新版 人名の世界地図　21世紀研究会編
フランス7つの謎　小田中直樹
一杯の紅茶の世界史　磯淵 猛
新約聖書Ⅰ　新共同訳 佐藤 優解説
新約聖書Ⅱ　新共同訳 佐藤 優解説
佐藤優の集中講義 民族問題　佐藤 優
池上彰の宗教がわかれば世界が見える　池上 彰
新・戦争論　池上 彰 佐藤 優
大世界史　池上 彰 佐藤 優
新・リーダー論　池上 彰 佐藤 優

独裁者プーチン　名越健郎
韓国併合への道 完全版　呉 善花
侮日論　呉 善花
韓国「反日民族主義」の奈落　呉 善花
イスラーム国の衝撃　池内 恵
「ドイツ帝国」が世界を破滅させる　エマニュエル・トッド 堀 茂樹訳
シャルリとは誰か?　エマニュエル・トッド 堀 茂樹訳
問題は英国ではない、EUなのだ　エマニュエル・トッド 堀 茂樹訳
中国4・0　エドワード・ルトワック 奥山真司訳
戦争にチャンスを与えよ　エドワード・ルトワック 奥山真司訳
日本4・0　エドワード・ルトワック 奥山真司訳
ラストエンペラー習近平　エドワード・ルトワック 奥山真司訳
21世紀 地政学入門　船橋洋一
地経学とは何か　船橋洋一
熱狂する「神の国」アメリカ　松本佐保
大学入試問題で読み解く「超」世界史・日本史　片山杜秀
ベートーヴェンを聴けば世界史がわかる　片山杜秀
戦争を始めるのは誰か　渡辺惣樹

第二次世界大戦 アメリカの敗北　渡辺惣樹
ルポ 絶望の韓国　牧野愛博
韓国を支配する「空気」の研究　牧野愛博
金正恩と金与正　牧野愛博
米中激突　陳 破空 山田智美訳
知立国家 イスラエル　米山伸郎
1918年最強ドイツ軍はなぜ敗れたのか　飯倉 章
「中国」という神話　楊 海英
独裁の中国現代史　楊 海英
ジェノサイド国家中国の真実　于田ケリム 楊 海英
人に話したくなる世界史　玉木俊明
16世紀「世界史」のはじまり　玉木俊明
トランプ ロシアゲートの虚実　小川 聡 東 秀敏
世界史の新常識　文藝春秋編
ヘンリー王子とメーガン妃　亀甲博行
コロナ後の世界　ジャレド・ダイアモンド ポール・クルーグマン リンダ・グラットン マックス・テグマーク スティーブン・ピンカー スコット・ギャロウェイ 大野和基編
コロナ後の未来　ユヴァル・ノア・ハラリ カタリン・カリコ ポール・ナース リンダ・グラットン リチャード・フロリダ スコット・ギャロウェイ イアン・ブレマー 大野和基編
パンデミックの文明論　ヤマザキマリ 中野信子

盗まれたエジプト文明 篠田航一

歴史を活かす力 出口治明

世界一ポップな国際ニュースの授業 藤原帰一 石田衣良

三国志入門 宮城谷昌光

悲劇の世界遺産 井出 明

シルクロードとローマ帝国の興亡 井上文則

いまさら聞けないキリスト教のおバカ質問 橋爪大三郎

プーチンと習近平 独裁者のサイバー戦争 山田敏弘

◆政治の世界

民主主義とは何なのか 長谷川三千子

司馬遼太郎 リーダーの条件 半藤一利・磯田道史 鴨下信一他

自滅するアメリカ帝国 伊藤 貫

新しい国へ 安倍晋三

日本に絶望している人のための政治入門 三浦瑠麗

あなたに伝えたい政治の話 三浦瑠麗

政治を選ぶ力 橋下 徹 三浦瑠麗

日本の分断 三浦瑠麗

国のために死ねるか 伊藤祐靖

田中角栄 最後のインタビュー 佐藤 修

日米同盟のリアリズム 小川和久

軍人が政治家になってはいけない本当の理由 廣中雅之

小泉進次郎と福田達夫 田﨑史郎

日本よ、完全自立を 石原慎太郎

内閣調査室秘録 岸 俊光編 志垣民郎

軍事と政治 日本の選択 細谷雄一編

兵器を買わされる日本 東京新聞社会部

地方議員は必要か NHKスペシャル取材班

知事の真贋 片山善博

政治家の覚悟 菅 義偉

小林秀雄の政治学 中野剛志

枝野ビジョン 支え合う日本 枝野幸男

検証 安倍政権 アジア・パシフィック・イニシアティブ

品切の節はご容赦下さい

◆アジアの国と歴史

韓国併合への道　完全版　呉　善花
侮日論　呉　善花
韓国「反日民族主義」の奈落　呉　善花
ルポ　絶望の韓国　牧野愛博
韓国を支配する「空気」の研究　牧野愛博
金正恩と金与正　牧野愛博
「中国」という神話　楊　海英
独裁の中国現代史　楊　海英
ジェノサイド国家中国の真実　于田ケリム　楊　海英
劉備と諸葛亮　柿沼陽平
王室と不敬罪　岩佐淳士
キャッシュレス国家　西村友作
性と欲望の中国　安田峰俊
日本の海が盗まれる　山田吉彦
インドが変える世界地図　広瀬公巳
反日種族主義と日本人　久保田るり子
三国志入門　宮城谷昌光
ラストエンペラー習近平　エドワード・ルトワック　奥山真司訳
韓国エンタメはなぜ世界で成功したのか　菅野朋子

◆さまざまな人生

生きる悪知恵　西原理恵子
家族の悪知恵　西原理恵子
男性論　ECCE HOMO　ヤマザキマリ
それでもこの世は悪くなかった　佐藤愛子
僕たちが何者でもなかった頃の話をしよう　山中伸弥・羽生善治・是枝裕和　山極壽一・永田和宏
続・僕たちが何者でもなかった頃の話をしよう　池田理代子・平田オリザ　彬子女王・大隅良典・永田和宏
安楽死で死なせて下さい　橋田壽賀子
変節と愛国　浅海　保
一切なりゆき　樹木希林
天邪鬼のすすめ　下重暁子
さらば！サラリーマン　溝口　敦
私の大往生　週刊文春編
昭和とわたし　澤地久枝
それでも、逃げない　三浦瑠麗　乙武洋匡
知の旅は終わらない　立花　隆
死ねない時代の哲学　村上陽一郎

イライラしたら豆を買いなさい　林家木久扇
老いと学びの極意　武田鉄矢
在宅ひとり死のススメ　上野千鶴子
最後の人声天語　坪内祐三
なんで家族を続けるの？　内田也哉子・中野信子
百歳以前　徳岡孝夫・土井荘平
迷わない。完全版　櫻井よしこ
東大女子という生き方　秋山千佳

◆食の愉しみ

発酵食品礼讃　小泉武夫
毒草を食べてみた　植松黎
中国茶図鑑　工藤佳治・俞向紅　写真・丸山洋平
チーズ図鑑　文藝春秋編
食の世界地図　21世紀研究会編
一杯の紅茶の世界史　磯淵猛
辰巳芳子　スープの手ほどき　和の部　辰巳芳子
辰巳芳子　スープの手ほどき　洋の部　辰巳芳子
新版　娘につたえる私の味　一月〜五月　辰巳浜子・辰巳芳子
新版　娘につたえる私の味　六月〜十二月　辰巳浜子・辰巳芳子
小林カツ代のお料理入門　小林カツ代
一生食べたい　カツ代流レシピ　小林カツ代・本田明子
フレンチの王道　井上旭　神山典士・聞き手
日本のすごい食材　河﨑貴一
歴史の中のワイン　山本博
農業新時代　川内イオ

農業フロンティア　川内イオ

◆スポーツの世界

イチロー・インタヴューズ　石田雄太
最強のスポーツビジネス　池田 純　スポーツ・グラフィック ナンバー編
野球バカは死なず　江本孟紀
箱根駅伝 強豪校の勝ち方　碓井哲雄
オリンピック・マネー　後藤逸郎
競輪という世界　轡田隆史・堤 哲・藤原勇彦・小堀隆司
沢村栄治　太田俊明

◆ネットと情報

「社会調査」のウソ　谷岡一郎
インターネット・ゲーム依存症　岡田尊司
闇《ダーク》ウェブ　セキュリティ集団スプラウト
フェイクウェブ　高野聖玄　セキュリティ集団スプラウト
スマホ廃人　石川結貴
スマホ危機 親子の克服術　石川結貴
超空気支配社会　辻田真佐憲

◆アートの世界

モーツァルト 天才の秘密　中野 雄
小澤征爾 覇者の法則　中野 雄
ストラディヴァリとグァルネリ　中野 雄
ベートーヴェン　中野 雄
新版 クラシックCDの名盤　宇野功芳 中野 雄 福島章恭
新版 クラシックCDの名盤 演奏家篇　宇野功芳 中野 雄 福島章恭
クラシックCDの名盤 大作曲家篇　宇野功芳 中野 雄 福島章恭
日本刀　小笠原信夫
岩佐又兵衛　辻 惟雄
天才 勝新太郎　春日太一
鬼才 五社英雄の生涯　春日太一
日本の戦争映画　春日太一
宮大工と歩く奈良の古寺　小川三夫 塩野米松・聞き書き
春画入門　車 浮代
天才と名人 中村勘三郎と坂東三津五郎　長谷部浩
巨大アートビジネスの裏側　石坂泰章

北斎漫画入門　浦上 満
週刊文春「シネマチャート」全記録　週刊文春編
少女漫画家「家」の履歴書　週刊文春編
スポーツ映画トップ100　芝山幹郎
スターは楽し　芝山幹郎
日本プラモデル六〇年史　小林 昇
天才の思考　鈴木敏夫
欲望の名画　中野京子
玉三郎 勘三郎 海老蔵　中川右介
いま、幸せかい？　滝口悠生選
英語で味わう万葉集　ピーター・J・マクミラン
古関裕而の昭和史　辻田真佐憲
筒美京平 大ヒットメーカーの秘密　近田春夫
韓国エンタメはなぜ世界で成功したのか　菅野朋子

◆考えるヒント

民主主義とは何なのか　長谷川三千子
寝ながら学べる構造主義　内田 樹
私家版・ユダヤ文化論　内田 樹
勝つための論文の書き方　鹿島 茂
成功術 時間の戦略　鎌田浩毅
世界がわかる理系の名著　鎌田浩毅
ぼくらの頭脳の鍛え方　立花 隆　佐藤 優
知的ヒントの見つけ方　立花 隆
立花隆の最終講義　立花 隆
日本人へ リーダー篇　塩野七生
日本人へ 国家と歴史篇　塩野七生
日本人へ 危機からの脱出篇　塩野七生
逆襲される文明 日本人へⅣ　塩野七生
イエスの言葉 ケセン語訳　山浦玄嗣
聞く力　阿川佐和子
叱られる力　阿川佐和子

「強さ」とは何か。　宗 由貴・監修　鈴木義孝・構成
何のために働くのか　寺島実郎
女たちのサバイバル作戦　上野千鶴子
在宅ひとり死のススメ　上野千鶴子
サバイバル宗教論　佐藤 優
サバイバル組織術　佐藤 優
無名の人生　渡辺京二
生きる哲学　若松英輔
危機の神学　若松英輔　山本芳久
脳・戦争・ナショナリズム　中野剛志・中野信子　適菜 収
無敵の仕事術　加藤 崇
不平等との闘い　稲葉振一郎
70歳！　五木寛之　釈 徹宗
歎異抄 救いのことば　釈 徹宗
プロトコールとは何か　寺西千代子
珍樹図鑑　小山直彦
それでもこの世は悪くなかった　佐藤愛子
知らなきゃよかった　池上 彰　佐藤 優

知的再武装 60のヒント　池上 彰　佐藤 優
無敵の読解力　池上 彰　佐藤 優
死ねない時代の哲学　村上陽一郎
コロナ後の世界　ジャレド・ダイアモンド ポール・クルーグマン　リンダ・グラットン マックス・テグマーク　スティーブン・ピンカー スコット・ギャロウェイ 大野和基編
コロナ後の未来　ユヴァル・ノア・ハラリ カタリン・カリコ　ポール・ナース リンダ・グラットン リチャード・フロリダ　スコット・ギャロウェイ イアン・ブレマー 大野和基編
スタンフォード式 お金と人材が集まる仕事術　西野精治
なんで家族を続けるの？　内田也哉子　中野信子
教養脳　福田和也
コロナ後を生きる逆転戦略　河合雅司
超空気支配社会　辻田真佐憲
明日あるまじく候　細川護熙
百歳以前　徳岡孝夫　土井荘平
老人支配国家 日本の危機　エマニュエル・トッド
迷わない。完全版　櫻井よしこ
いまさら聞けない キリスト教のおバカ質問　橋爪大三郎
ちょっと方向を変えてみる　辻 仁成

◆教える・育てる

幼児教育と脳　澤口俊之
語源でわかった！英単語記憶術　山並陞一
外交官の「うな重方式」英語勉強法　多賀敏行
女子御三家 桜蔭・女子学院・雙葉の秘密　矢野耕平
男子御三家 麻布・開成・武蔵の真実　矢野耕平
僕たちが何者でもなかった頃の話をしよう　山中伸弥・羽生善治・是枝裕和・山極壽一・永田和宏
続・僕たちが何者でもなかった頃の話をしよう　池田理代子・平田オリザ・彬子女王・大隅良典・永田和宏
スマホ危機　親子の克服術　石川結貴

◆サイエンス

世界がわかる理系の名著　鎌田浩毅
「大発見」の思考法　山中伸弥・益川敏英
粘菌　偉大なる単細胞が人類を救う　中垣俊之
ねこの秘密　山根明弘
ティラノサウルスはすごい　小林快次監修・土屋健
アンドロイドは人間になれるか　石黒浩
マインド・コントロール　岡田尊司
サイコパス　中野信子
植物はなぜ薬を作るのか　斉藤和季
超能力微生物　小泉武夫
秋田犬　宮沢輝夫
フレディ・マーキュリーの恋　竹内久美子
猫脳がわかる！　今泉忠明
ウイルスVS人類　瀬名秀明・押谷仁・五箇公一・岡部信彦・河岡義裕・大曲貴夫・NHK取材班
がん治療革命　ウイルスでがんを治す　藤堂具紀
ゲノムに聞け　中村祐輔

文春新書のロングセラー

樹木希林

一切なりゆき 樹木希林のことば

二〇一八年、惜しくも世を去った名女優が語り尽くした生と死、家族、女と男……。ユーモアと洞察に満ちた希林流生き方のエッセンス

1194

中野信子

サイコパス

クールに犯罪を遂行し、しかも罪悪感はゼロ。そんな「あの人」の脳には隠された秘密があった。最新の脳科学が解き明かす禁断の事実

1094

橘 玲

女と男 なぜわかりあえないのか

単純な男性脳では、複雑すぎる女性脳は理解できない！「週刊文春」の人気連載「臆病者のための楽しい人生１００年計画」を新書化

1265

ジャレド・ダイアモンド ポール・クルーグマン リンダ・グラットンほか

コロナ後の世界

新型コロナウイルスは、人類の未来をどう変えるのか？ 世界が誇る知識人六名に緊急インタビュー。二〇二〇年代の羅針盤を提示する

1271

立花 隆

知の旅は終わらない 僕が３万冊を読み１００冊を書いて考えてきたこと

立花隆は巨大な山だ。政治、科学、歴史、音楽……、万夫不当の仕事の山と、その人生を初めて語った。氏を衝き動かしたものは何なのか

1247

文藝春秋刊